走好法治长征路

——法制宣传教育读本

《走好法治长征路——法制宣传教育读本》编写组 编

图书在版编目(CIP)数据

走好法治长征路:法制宣传教育读本/《走好法治长征路:法制宣传教育读本》编写组编. —合肥:安徽大学出版社,2017.1(2020.11重印)
ISBN 978-7-5664-1262-1

Ⅰ. ①走… Ⅱ. ①走… Ⅲ. ①法律－中国－干部教育－学习参考资料 Ⅳ. ①D920.4

中国版本图书馆 CIP 数据核字(2016)第 294344 号

走好法治长征路
——法制宣传教育读本

《走好法治长征路——法制宣传教育读本》编写组 编

出版发行:	北京师范大学出版集团
	安徽大学出版社
	(安徽省合肥市肥西路 3 号 邮编 230039)
	www.bnupg.com.cn
	www.ahupress.com.cn
印　　刷:	安徽昶颉包装印务有限责任公司
经　　销:	全国新华书店
开　　本:	170mm×240mm
印　　张:	12.5
字　　数:	180 千字
版　　次:	2017 年 1 月第 1 版
印　　次:	2020 年 11 月第 5 次印刷
定　　价:	25.00 元

ISBN 978-7-5664-1262-1

策划编辑:姜　萍　王　晶	装帧设计:李　军
责任编辑:姜　萍　王　晶	美术编辑:李　军
责任印制:陈　如	

版权所有　侵权必究

反盗版、侵权举报电话:0551-65106311
外埠邮购电话:0551-65107716
本书如有印装质量问题,请与印制管理部联系调换。
印制管理部电话:0551-65106311

宪法篇

1 现行宪法作过哪几次修正? 〔1〕
2 为什么说宪法是国家的根本大法? 〔1〕
3 为什么说人民代表大会制度是我国的根本政治制度? 〔2〕
4 宪法关于我国现阶段统一战线的性质和组成是如何规定的? 〔3〕
5 宪法关于我国经济制度是如何规定的? 〔3〕
6 我国宪法对土地问题是如何规定的? 〔4〕
7 我国宪法对公民私有财产的保护是如何规定的? 〔4〕
8 我国宪法是如何划分行政区域的? 〔4〕
9 我国宪法规定公民的基本权利有哪些? 〔5〕
10 我国宪法规定公民的基本义务有哪些? 〔6〕
11 全国人民代表大会行使哪些职权? 〔6〕
12 全国人民代表大会常务委员会行使哪些职权? 〔7〕
13 中华人民共和国主席的职权是什么? 〔8〕
14 宪法规定国务院行使哪些职权? 〔8〕

15 什么是国家象征？国家象征包括哪些内容？ 〔9〕

16 人大代表享有的权利有哪些？ 〔9〕

17 人大代表履行的义务有哪些？ 〔10〕

18 哪些机关有权制定地方性法规？ 〔11〕

19 哪些机关有权制定政府规章？ 〔11〕

20 哪些机关有权制定自治条例和单行条例？ 〔12〕

民族区域自治法篇

21 什么是民族区域自治？ 〔13〕

22 《民族区域自治法》在我国法律体系中处于什么样的地位？ 〔13〕

23 建立民族自治地方依法应当遵循哪些基本原则？ 〔14〕

24 我国建立了哪些民族自治地方？ 〔14〕

25 民族乡为什么不是民族自治地方？ 〔15〕

26 法律对自治机关的组成人员有哪些要求？ 〔15〕

27 民族自治地方的自治机关对国家负有哪些责任和义务？ 〔16〕

28 民族自治地方的自治机关有哪些自治权？ 〔16〕

29 《国务院实施〈中华人民共和国民族区域自治法〉若干规定》对民族自治地方基础设施建设相关问题是如何规定的？ 〔17〕

30 《国务院实施〈中华人民共和国民族区域自治法〉若干规定》对民族自治地方资源开发和生态建设补偿问题是如何规定的？ 〔17〕

31 《国务院实施〈中华人民共和国民族区域自治法〉若干规定》对民族贸易和民族特需用品生产扶持政策是如何规定的？ 〔18〕

32 《国务院实施〈中华人民共和国民族区域自治法〉若干规定》对边境民族自治地方对外开放问题是如何规定的？ 〔18〕

33 《国务院实施〈中华人民共和国民族区域自治法〉若干规定》对扶持人口较少民族加快发展是如何规定的？ 〔19〕

34 《国务院实施〈中华人民共和国民族区域自治法〉若干规定》对民族
自治地方扶贫开发问题是如何规定的? 〔19〕

35 《国务院实施〈中华人民共和国民族区域自治法〉若干规定》对经济
发达地区与民族自治地方的对口支援问题是如何规定的? 〔20〕

36 《国务院实施〈中华人民共和国民族区域自治法〉若干规定》对帮助
民族自治地方实行义务教育提供保障是如何规定的? 〔20〕

37 《国务院实施〈中华人民共和国民族区域自治法〉若干规定》对帮助和支持
民族自治地方发展高等教育事业、培养少数民族人才是如何规定的? 〔20〕

38 《国务院实施〈中华人民共和国民族区域自治法〉若干规定》对保障
少数民族语言文字权益方面是如何规定的? 〔21〕

39 《国务院实施〈中华人民共和国民族区域自治法〉若干规定》对支持
民族自治地方少数民族文化事业发展是如何规定的? 〔21〕

40 《国务院实施〈中华人民共和国民族区域自治法〉若干规定》对扶持民族
自治地方医疗卫生事业发展、提高各民族人口素质是如何规定的? 〔22〕

宗教法篇

41 我国颁布了哪些宗教事务方面的法律文件? 〔23〕
42 《宗教事务条例》所规范的"宗教事务"是指哪些事务? 〔23〕
43 什么是"正常的宗教活动"? 〔24〕
44 哪些活动属于利用宗教进行妨碍国家教育制度的活动? 〔24〕
45 《宗教事务条例》对信教公民举行集体宗教活动有哪些原则规定? 〔25〕
46 什么是宗教活动场所? 〔26〕
47 哪些人员属于宗教教职人员? 〔26〕
48 受法律保护的宗教财产具体指的是什么? 〔26〕
49 《宗教事务条例》对宗教团体、宗教活动场所的财务监督管理是如何
规定的? 〔27〕
50 外国人在中国境内进行宗教活动应遵守哪些规定? 〔28〕

行政法篇

51 治安管理处罚的种类有哪些? 〔29〕
52 未成年人违反《治安管理处罚法》的,应如何处罚? 〔30〕
53 精神病人违反《治安管理处罚法》的,应如何处罚? 〔31〕
54 盲人或者又聋又哑的人违反《治安管理处罚法》的,应如何处罚? 〔32〕
55 醉酒的人违反《治安管理处罚法》的,应如何处罚? 〔33〕
56 对扰乱文化、体育等大型群众性活动秩序的,应如何处罚? 〔34〕
57 对散布谣言,谎报险情、疫情、警情,投放虚假的危险物质和散布恐怖信息等扰乱公共秩序的行为如何处罚? 〔34〕
58 对结伙斗殴,追逐、拦截他人,强拿硬要等寻衅滋事行为如何处罚? 〔35〕
59 对利用封建迷信、会道门进行非法活动的行为如何处罚? 〔36〕
60 对举办大型活动违反有关规定的行为如何处罚? 〔37〕
61 对恐怖表演、强迫劳动、非法限制他人人身自由、非法侵入他人住宅或者非法搜查他人身体的行为如何处罚? 〔38〕
62 对胁迫、诱骗或者利用他人乞讨,或者以滋扰方式乞讨的行为如何处罚? 〔40〕
63 对猥亵他人或在公共场所裸露身体的行为如何处罚? 〔41〕
64 对强买强卖商品,强迫他人提供服务或者强迫他人接受服务的行为如何处罚? 〔42〕
65 对煽动民族仇恨、民族歧视,刊载民族歧视、侮辱内容的行为如何处罚? 〔43〕
66 对盗窃、诈骗、哄抢、抢夺、敲诈勒索、故意损毁公私财物的行为如何处罚? 〔44〕
67 对拒不执行政府在紧急状态情况下依法发布的决定、命令的和阻碍执行公务的行为如何处罚? 〔46〕
68 对煽动、策划非法集会、游行、示威的行为如何处罚? 〔48〕
69 对卖淫、嫖娼以及在公共场所拉客招嫖的行为如何处罚? 〔48〕
70 对引诱、容留、介绍他人卖淫的行为如何处罚? 〔49〕

71 对于赌博行为如何处罚? 〔50〕
72 对饲养动物干扰他人正常生活和放任动物恐吓、伤害他人的行为如何处罚? 〔51〕
73 行政处罚的听证程序有哪些要求? 〔52〕
74 行政强制措施有哪些种类? 〔53〕
75 《行政强制法》规定的行政强制执行方式有哪些? 〔54〕
76 不服地方各级人民政府的具体行政行为的,向谁申请行政复议? 〔55〕
77 对县级以上地方各级政府工作部门作出的具体行政行为不服,向谁申请行政复议? 〔56〕
78 公民在哪些情况下应出示居民身份证证明自己身份? 〔57〕
79 对生产、经营假、劣种子的行为如何给予行政处罚? 〔58〕
80 对种子生产、经营许可证方面的违法行为如何给予行政处罚? 〔59〕
81 对开垦、采石、采砂、采土、采种、采脂等活动致使森林、林木受到毁坏的行为如何给予行政处罚? 〔59〕
82 对销售、推广未经审定或者鉴定的畜禽品种的行为如何给予行政处罚? 〔59〕
83 对种畜禽生产经营许可证方面的违法行为如何给予行政处罚? 〔60〕
84 农产品批发市场销售的农产品出现违法行为如何处罚? 〔60〕
85 生产、销售未取得登记证的肥料产品如何给予行政处罚? 〔61〕
86 对生产、经营假农药、劣质农药的行为如何给予行政处罚? 〔61〕
87 法律对生产饲料添加剂有哪些规定? 〔62〕

刑法篇

88 我国刑法对犯罪的年龄是如何规定的? 〔63〕
89 精神病人实施犯罪行为追究刑事责任吗? 〔64〕
90 醉酒的人实施犯罪行为是否承担刑事责任? 〔66〕
91 又聋又哑的人或者盲人犯罪承担刑事责任吗? 〔67〕
92 法律对未成年人犯罪的刑事责任有何特殊规定? 〔68〕

93 法律对老年人犯罪的刑事责任有何特殊规定？ 〔69〕
94 法律对审判时怀孕的妇女的刑事责任有哪些特殊规定？ 〔70〕
95 什么是正当防卫，正当防卫具有哪些条件才不承担刑事责任？ 〔71〕
96 什么是紧急避险，紧急避险具有哪些条件才不承担刑事责任？ 〔72〕
97 什么是犯罪预备，如何进行处罚？ 〔73〕
98 什么是犯罪未遂，如何进行处罚？ 〔74〕
99 什么是犯罪中止，如何进行处罚？ 〔75〕
100 什么是共同犯罪，如何进行处罚？ 〔76〕
101 什么是主犯，如何进行处罚？ 〔77〕
102 什么是从犯，如何进行处罚？ 〔78〕
103 什么是胁从犯，如何进行处罚？ 〔79〕
104 什么是教唆犯，如何进行处罚？ 〔80〕
105 我国刑法规定哪几种主刑？ 〔81〕
106 适用死刑应当具备哪些条件？ 〔81〕
107 什么是死缓，它的适用条件有哪些？ 〔85〕
108 什么是拘役，其内容有哪些？ 〔86〕
109 什么是管制，它有哪些特点？ 〔87〕
110 什么是附加刑，它包括哪些种类？ 〔89〕
111 什么是附加刑中的剥夺政治权利？ 〔89〕
112 什么是罚金刑，这种附加刑有哪些特点？ 〔91〕
113 什么是附加刑中的没收财产？ 〔93〕
114 什么是累犯，对累犯的处罚原则是什么？ 〔94〕
115 什么是自首，对自首犯的处罚原则是什么？ 〔96〕
116 什么是立功，立功如何减轻处罚？ 〔97〕
117 坦白依法从宽处罚吗？ 〔98〕
118 判决宣告以前一人犯数罪的，应当如何决定执行刑罚？ 〔99〕

119 判决宣告后,刑罚执行完毕前,发现被判刑的犯罪分子还有遗漏罪行,
应如何处罚? 〔100〕

120 犯罪分子在刑罚执行的过程中又犯新罪的,应当如何数罪并罚? 〔101〕

121 判处缓刑应当具备哪些条件? 〔102〕

122 犯罪行为没有被公安、司法机关发现,经过多长时间就不再追诉了? 〔104〕

123 刑法中所规定的国家工作人员包括哪些人? 〔105〕

124 什么是告诉才处理的犯罪? 〔106〕

125 什么是背叛国家罪,如何认定和处罚? 〔107〕

126 什么是武装叛乱、暴乱罪,如何认定和处罚? 〔108〕

127 什么是叛逃罪,如何认定和处罚? 〔109〕

128 什么是间谍罪,如何认定和处罚? 〔110〕

129 什么是交通肇事罪,如何认定和处罚? 〔111〕

130 如何认定交通肇事逃逸? 〔112〕

131 什么是危险驾驶罪,如何认定和处罚? 〔113〕

132 危险驾驶罪和交通肇事罪有哪些区别? 〔114〕

133 什么是大型群众性活动重大安全事故罪,如何认定和处罚? 〔115〕

134 什么是生产、销售伪劣产品罪,如何认定和处罚? 〔115〕

135 什么是生产、销售假药罪,如何认定和处罚? 〔117〕

136 什么是生产、销售劣药罪,如何认定和处罚? 〔118〕

137 什么是生产、销售伪劣农药、兽药、化肥、种子罪,如何认定和处罚? 〔119〕

138 什么是组织、领导传销活动罪,如何认定和处罚? 〔121〕

139 什么是故意杀人罪,如何认定和处罚? 〔123〕

140 什么是过失致人死亡罪,如何认定和处罚? 〔124〕

141 什么是故意伤害罪,如何认定和处罚? 〔124〕

142 什么是组织出卖人体器官罪,如何认定和处罚? 〔125〕

143 什么是过失致人重伤罪,如何认定和处罚? 〔127〕

144 什么是强奸罪,如何认定和处罚? 〔127〕

145 什么是强制猥亵、侮辱罪,如何认定和处罚? 〔129〕

146 什么是非法拘禁罪,如何认定和处罚? 〔130〕

147 什么是绑架罪,如何认定和处罚? 〔131〕

148 什么是拐卖妇女、儿童罪,如何认定和处罚? 〔132〕

149 什么是收买被拐卖的妇女、儿童罪,如何认定和处罚? 〔133〕

150 什么是聚众阻碍解救被收买的妇女、儿童罪,如何认定和处罚? 〔134〕

151 什么是诬告陷害罪,如何认定和处罚? 〔136〕

152 什么是非法搜查罪,如何认定和处罚? 〔136〕

153 什么是非法侵入住宅罪,如何认定和处罚? 〔137〕

154 什么是侮辱罪,如何认定和处罚? 〔138〕

155 什么是诽谤罪,它与侮辱罪有何区别? 〔139〕

156 什么是刑讯逼供罪,如何认定和处罚? 〔140〕

157 什么是暴力取证罪,如何认定和处罚? 〔140〕

158 什么是报复陷害罪,如何认定和处罚? 〔141〕

159 什么是破坏选举罪,如何认定和处罚? 〔142〕

160 什么是暴力干涉婚姻自由罪,如何认定和处罚? 〔143〕

161 什么是重婚罪,如何认定和处罚? 〔144〕

162 什么是虐待罪,如何认定和处罚? 〔145〕

163 什么是遗弃罪,如何认定和处罚? 〔146〕

164 什么是拐骗儿童罪,如何认定和处罚? 〔147〕

165 什么是组织残疾人、儿童乞讨罪,如何认定和处罚? 〔148〕

166 什么是抢劫罪,如何认定和处罚? 〔149〕

167 如何正确认识抢劫杀人案件? 〔150〕

168 对于抢劫罪,在哪些情形下可以判处死刑? 〔151〕

169 什么是盗窃罪,如何认定和处罚? 〔152〕

170 什么是诈骗罪,如何认定和处罚? 〔153〕

171 什么是抢夺罪,如何认定和处罚? 〔154〕

172 什么是聚众哄抢罪,如何认定和处罚? 〔155〕

173 什么是转化型抢劫罪? 〔156〕

174 什么是侵占罪,如何认定和处罚? 〔157〕

175 什么是职务侵占罪,如何认定和处罚? 〔158〕

176 什么是挪用特定款物罪,如何认定和处罚? 〔159〕

177 什么是敲诈勒索罪,如何认定和处罚? 〔161〕

178 什么是故意毁坏财物罪,如何认定和处罚? 〔162〕

179 什么是破坏生产经营罪,如何认定和处罚? 〔163〕

180 什么是妨害公务罪,如何认定和处罚? 〔164〕

181 什么是聚众扰乱社会秩序罪,如何认定和处罚? 〔165〕

182 什么是聚众冲击国家机关罪,如何认定和处罚? 〔166〕

183 什么是聚众斗殴罪,如何认定和处罚? 〔167〕

184 什么是寻衅滋事罪,如何认定和处罚? 〔168〕

185 什么是组织、利用会道门、邪教组织,利用迷信破坏法律实施罪,如何认定和处罚? 〔169〕

186 什么是赌博罪,如何认定和处罚? 〔170〕

187 什么是伪证罪,如何认定和处罚? 〔171〕

188 什么是窝藏、包庇罪,如何认定和处罚? 〔171〕

189 什么是掩饰、隐瞒犯罪所得和犯罪所得收益罪,如何认定和处罚? 〔172〕

190 什么是贪污罪,如何认定和处罚? 〔173〕

191 什么是受贿罪,如何认定和处罚? 〔175〕

192 什么是行贿罪,如何认定和处罚? 〔176〕

193 什么是巨额财产来源不明罪,如何认定和处罚? 〔178〕

194 什么是滥用职权罪,如何认定和处罚? 〔178〕

195 什么是玩忽职守罪，如何认定和处罚？ 〔180〕

196 什么是故意泄露国家秘密罪，如何认定和处罚？ 〔181〕

197 什么是煽动民族仇恨、民族歧视罪，如何认定和处罚？ 〔182〕

198 什么是出版歧视、侮辱少数民族作品罪，如何认定和处罚？ 〔183〕

199 什么是非法剥夺公民宗教信仰自由罪，如何认定和处罚？ 〔184〕

200 什么是侵犯少数民族风俗习惯罪，如何认定和处罚？ 〔184〕

参考文献　　　　　　　　　　　　　　　186

1 现行宪法作过哪几次修正?

现行宪法是1982年12月4日由第五届全国人民代表大会第五次会议通过,并根据1988年4月12日第七届全国人民代表大会第一次会议通过的《中华人民共和国宪法修正案》、1993年3月29日第八届全国人民代表大会第一次会议通过的《中华人民共和国宪法修正案》、1999年3月15日第九届全国人民代表大会第二次会议通过的《中华人民共和国宪法修正案》和2004年3月14日第十届全国人民代表大会第二次会议通过的《中华人民共和国宪法修正案》,先后进行了4次修正。

2 为什么说宪法是国家的根本大法?

宪法作为国家的根本法,主要表现在三个方面:

(一)在规定的内容上与普通法律不同。普通法律作为部门法,调整的只是国家生活中某一方面的社会关系,而作为根本法的宪法,它规定的是国家政治生活和社会生活中最根本、最重要的问题。我国现行《宪法》(2004年)在序言中就明确宣布:"本宪法以法律的形式确认了中国各族人民奋斗的成果,规定了国家的根本制度和根本任务,是国家的根本法。"

(二)在法律效力上与普通法律不同。由于宪法是国家的根本法,宪法所具有的就不仅是一般的法律效力,而是具有最高的法律效力。其法律效力的最高性表现在:(1)宪法是制定普通法律的依据和基础;(2)普通法律不得与宪法相抵触;(3)宪法是一切组织或者个人的根本活动准则。

(三)在制定和修改的程序上与普通法律不同。由于宪法是国家的根本法,具有最高的法律效力,为了体现宪法的严肃性,保持宪法的稳定性和连续性,多数国家对宪法的制定和修改都规定了不同于普通立法的特别程序。

3 为什么说人民代表大会制度是我国的根本政治制度?

人民代表大会制度之所以成为我国的根本政治制度,是由人民代表大会制度的特征和在我国政治生活中的地位决定的:

(一)人民代表大会制度直接反映着我们国家的阶级本质,体现了各阶级、各阶层和各民族在国家生活中的地位。

(二)人民代表大会制度是适合我国国情的根本政治制度,它是中国人民革命的创造性产物,是马克思主义关于政治制度学说在中国的具体应用。

(三)人民代表大会制度体现出我国政治生活的全貌,是其他制度赖以建立的基础。

(四)人民代表大会制度是人民实现国家权力的组织形式,我国各族人民通过这一制度来行使国家权力,保证了国家政权机关的高效运行,从而体现了"一切权力属于人民"的原则,这也是对人民利益加以维护的根本保证。

4 宪法关于我国现阶段统一战线的性质和组成是如何规定的？

在长期的革命和建设过程中，已经结成由中国共产党领导的，有各民主党派和各人民团体参加的，包括全体社会主义劳动者、社会主义事业的建设者、拥护社会主义的爱国者和拥护祖国统一的爱国者的广泛的爱国统一战线，这个统一战线将继续巩固和发展。

5 宪法关于我国经济制度是如何规定的？

经济制度是指国家的统治阶级为了反映在社会中占统治地位的生产关系的发展要求，建立、维护和发展有利于其政治统治的经济秩序，而确认或创设的各种有关经济问题的规则和措施的总称。按照《宪法》第六条的规定，我国经济制度的主要内容包括以下三部分：

（一）社会主义经济制度的基础是生产资料的社会主义公有制，即全民所有制和劳动群众集体所有制。社会主义公有制消灭人剥削人的制度，实行各尽所能、按劳分配的原则。

（二）农村集体经济组织实行家庭承包经营为基础、统分结合的双层经营体制。农村中的生产、供销、信用、消费等各种形式的合作经济，是社会主义劳动群众集体所有制经济。参加农村集体经济组织的劳动者，有权在法律规定的范围内经营自留地、自留山、家庭副业和饲养自留畜。

（三）在法律规定范围内的个体经济、私营经济等非公有制经济，是社会主义市场经济的重要组成部分。国家保护个体经济、私营经济等非公有制经济的合法权利和利益。国家鼓励、支持和引导非公有制经济的发展，并对非公有制经济依法实行监督和管理。

6 我国宪法对土地问题是如何规定的?

按照我国《宪法》第十条的规定,我国土地问题的主要制度包括:(一)城市的土地属于国家所有;(二)农村和城市郊区的土地,除由法律规定属于国家所有的以外,属于集体所有;宅基地和自留地、自留山,也属于集体所有;(三)国家为了公共利益的需要,可以依照法律规定对土地实行征收或者征用并给予补偿;(四)任何组织或者个人不得侵占、买卖或者以其他形式非法转让土地,土地的使用权可以依照法律规定转让;(五)一切使用土地的组织和个人必须合理地利用土地。

7 我国宪法对公民私有财产的保护是如何规定的?

按照我国《宪法》第十三条的规定,公民私有财产保护的内容包括:(一)公民合法的私有财产不受侵犯;(二)国家依照法律规定保护公民的私有财产权和继承权;(三)国家为了公共利益的需要,可以依照法律规定对公民的私有财产实行征收或者征用并给予补偿。

8 我国宪法是如何划分行政区域的?

行政区划即行政区域划分,属于国家结构的范围,也是国家领土结构。国家按照经济发展和行政管理的需要,把全国的领土划分为大小、层级不同的部分,并设立相应的地方国家机关,以便管理。

按照我国《宪法》第三十条的规定:我国的行政区域划分如下:(一)全国分为省、自治区、直辖市;(二)省、自治区分为自治州、县、自治县、市;(三)县、自治县分为乡、民族乡、镇。

直辖市和较大的市分为区、县。自治州分为县、自治县、市。自治区、自治州、自治县都是民族自治地方。

9 我国宪法规定公民的基本权利有哪些?

公民的权利是指国家通过宪法和法律所保障的,公民实现某种愿望或获得某种利益的可能性。享有法定权利的公民,一方面,有权自己作出一定的行为;另一方面,有权要求他人作出一定的行为或者不为一定的行为。我国《宪法》第三十三条至第五十条对公民享有的基本权利进行了明确规定,概括起来主要有:

(一)平等权,指公民平等地享有权利,不受任何差别对待,要求国家同等保护的权利。它包括公民在法律面前一律平等和禁止差别待遇。

(二)政治权利,指公民依据宪法和法律的规定,参与国家政治生活的可能性。它包括选举权和被选举权、言论、出版、结社、集会、游行、示威自由。

(三)宗教信仰自由,指公民依据内心信念,自愿地信仰宗教的自由。它包括公民既有信仰宗教的自由,也有不信仰宗教的自由;有信仰这种宗教的自由,也有信仰那种宗教的自由;在同一宗教里,有信仰这个教派的自由,也有信仰那个教派的自由;有过去信教而现在不信教的自由,也有过去不信教而现在信教的自由。

(四)人身自由,又称身体自由,是指公民的人身不受非法侵犯的自由。主要包括:公民的人身自由不受侵犯;公民的人格尊严不受侵犯;公民的住宅不受侵犯;公民的通信秘密和通信自由受法律保护。

(五)社会经济权利,是指公民依照宪法的规定享有的具有物质经济利益的权利。主要包括公民合法财产的所有权和继承权,劳动就业权和取得报酬权,休息权,在年老、疾病或丧失劳动能力的情况下,从国家和社会获得物质帮助的权利。

(六)文化教育权利,是指文化与教育领域享有的权利。主要包括:受教育的权利、从事科学研究的权利、从事文艺创作的权利与从事其他文化活动的权利。

(七)监督权,是指公民监督国家机关及其工作人员活动的权利。具体包括对国家机关及其工作人员提出批评和建议的权利;对于任何国家机关和国家工作人员的违法失职行为,有向有关国家机关提出申诉、控告或检举的权利。

10 我国宪法规定公民的基本义务有哪些?

公民的义务是指宪法和法律规定的公民必须履行的某种责任。义务不能放弃,是每个公民必须履行的责任。我国《宪法》第五十二条到第五十六条对公民依法履行的义务进行了明确规定,具体内容是:(一)维护国家统一和各民族团结;(二)遵守宪法和法律,保守国家秘密,爱护公共财产,遵守劳动纪律,遵守公共秩序,尊重社会公德;(三)维护祖国的安全、荣誉和利益;(四)保卫祖国,依法服兵役和参加民兵组织;(五)依照法律纳税;(六)劳动的义务;(七)受教育的义务;(八)夫妻双方有实行计划生育的义务;(九)父母有抚养教育未成年子女的义务,成年子女有赡养扶助父母的义务。

11 全国人民代表大会行使哪些职权?

按照《宪法》第六十二条的规定,全国人民代表大会的职权包括:(一)修改宪法;(二)监督宪法的实施;(三)制定和修改刑事、民事、国家机构的和其他的基本法律;(四)选举中华人民共和国主席、副主席;(五)根据中华人民共和国主席的提名,决定国务院总理的人选;根据国务院总理的提名,决定国务院副总理、国务委员、各部部长、各委员会主任、审计长、秘书长的人选;(六)选举中央军事委员会主席;根据中央军事委员会主席的提名,决定中央军事委员会其他组成人员的人选;(七)选举最高人民法院院长;(八)选举最高人民检察院检察长;(九)审查和批准国民经济和社会发展计划以及计划执行情况的报告;(十)审查和批准国家的预算和预算执行情况的报告；(十一)改变或者撤销全国人民代表大会常务委员会不适当的决定；(十二)批准省、自治区和直辖市的建置；(十三)决定特别行政区的设立及其制度；(十四)决定战争和和平的问题；(十五)应当由最高国家权力机关行使的其他职权。

12 全国人民代表大会常务委员会行使哪些职权？

按照《宪法》第六十七条的规定，全国人民代表大会常务委员会的职权包括：(一)解释宪法，监督宪法的实施；(二)制定和修改除应当由全国人民代表大会制定的法律以外的其他法律；(三)在全国人民代表大会闭会期间，对全国人民代表大会制定的法律进行部分补充和修改，但是不得同该法律的基本原则相抵触；(四)解释法律；(五)在全国人民代表大会闭会期间，审查和批准国民经济和社会发展计划、国家预算在执行过程中所必须作的部分调整方案；(六)监督国务院、中央军事委员会、最高人民法院和最高人民检察院的工作；(七)撤销国务院制定的同宪法、法律相抵触的行政法规、决定和命令；(八)撤销省、自治区、直辖市国家权力机关制定的同宪法、法律和行政法规相抵触的地方性法规和决议；(九)在全国人民代表大会闭会期间，根据国务院总理的提名，决定部长、委员会主任、审计长、秘书长的人选；(十)在全国人民代表大会闭会期间，根据中央军事委员会主席的提名，决定中央军事委员会其他组成人员的人选；(十一)根据最高人民法院院长的提请，任免最高人民法院副院长、审判员、审判委员会委员和军事法院院长；(十二)根据最高人民检察院检察长的提请，任免最高人民检察院副检察长、检察员、检察委员会委员和军事检察院检察长，并且批准省、自治区、直辖市的人民检察院检察长的任免；(十三)决定驻外全权代表的任免；(十四)决定同外国缔结的条约和重要协定的批准和废除；(十五)规定军人和外交人员的衔级制度和其他专门衔级制度；(十六)规定和决定授予国家的勋章和荣誉称号；(十七)决定特赦；(十八)在全国人民代表大会闭会期间，如果遇到国家遭受武装侵犯或者必须履行国际间共同防止侵略的条约的情况,决定战争状态的宣布;(十九)决定全国总动员或者局部动员;(二十)决定全国或者个别省、自治区、直辖市进入紧急状态;(二十一)全国人民代表大会授予的其他职权。

13 中华人民共和国主席的职权是什么?

按照《宪法》第八十条、第八十一条的规定,中华人民共和国主席根据全国人民代表大会的决定和全国人民代表大会常务委员会的决定,公布法律,任免国务院总理、副总理、国务委员、各部部长、各委员会主任、审计长、秘书长,授予国家的勋章和荣誉称号,发布特赦令,宣布进入紧急状态,宣布战争状态,发布动员令。

中华人民共和国主席代表中华人民共和国,进行国事活动,接受外国使节;根据全国人民代表大会常务委员会的决定,派遣和召回驻外全权代表,批准和废除同外国缔结的条约和重要协定。

14 宪法规定国务院行使哪些职权?

按照《宪法》第八十九条的规定,国务院行使的职权包括:(一)根据宪法和法律,规定行政措施,制定行政法规,发布决定和命令;(二)向全国人民代表大会或者全国人民代表大会常务委员会提出议案;(三)规定各部和各委员会的任务和职责,统一领导各部和各委员会的工作,并且领导不属于各部和各委员会的全国性的行政工作;(四)统一领导全国地方各级国家行政机关的工作,规定中央和省、自治区、直辖市的国家行政机关的职权的具体划分;(五)编制和执行国民经济和社会发展计划和国家预算;(六)领导和管理经济工作和城乡建设;(七)领导和管理教育、科学、文化、卫生、体育和计划生育工作;(八)领导和管理民政、公安、司法行政和监察等工作;(九)管理对外事务,同外国缔结条约和协定;(十)领导和管理国防建设事业;(十一)领导和管理民族事务,保障少数民族的平等权利和民族自治地方的自治权利;(十二)保护华侨的正当权利和利益,保护归侨和侨眷的合法权利和利益;(十三)改变或者撤销各部、各委员会发布的不适当的命令、指示和规章;(十四)改变或者撤销地方各级国家行政机关的不适当的决定和命令;(十五)批准省、自治区、直辖市的区域划分,批准自治州、县、自治县、市的建置和区域划分;(十六)依照法律规定决定省、自治区、直辖市的范围内部分地区进入紧急状态;(十七)审定行政机构的编制,依照法律规定任免、培训、考核和奖惩行政人员;(十八)全国人民代表大会和全国人民代表大会常务委员会授予的其他职权。

15 什么是国家象征?国家象征包括哪些内容?

国家象征是一个主权国家的代表和标志,主要包括国旗、国徽、国歌和首都等。按照《宪法》第一百三十六条至第一百三十八条的规定,中华人民共和国的国旗是五星红旗;中华人民共和国的国徽,中间是五星照耀下的天安门,周围是谷穗和齿轮;中华人民共和国的国歌是《义勇军进行曲》;中华人民共和国的首都是北京。

16 人大代表享有的权利有哪些?

人大代表经过民主选举方式产生,代表人民行使国家权力,具有广泛性、代表性、先进性。按照宪法以及相关法律的规定,对人大代表享有的权利概括如下:

(一)审议权。审议是对列入会议议程的各项报告和议案进行讨论、发表意见、表明意愿和立场,给予肯定、否定或者提出修改意见的活动。

(二)提案权。人民代表大会立法和决定重大问题,一般要经过提出议案、审议议案、表决议案以及公布法律(法规)、决定、决议的程序。法

律除规定有关国家机关和人大的机构有权提出议案外,还规定了人大代表有权联名提出议案,提议组织特定问题调查委员会。

(三)表决权。表决权是指人大代表对交付表决的报告和议案、有关事项表明各种意愿(包括赞成、反对或弃权)的权利。表决权利的行使,会直接产生法律后果,是表决结果的直接依据。根据全国人大议事规则的规定,全体代表过半数是衡量一个议案是否获得通过的标准。

(四)询问权和质询权。询问和质询是国家权力机关对行政机关、审判机关和检察机关实行监督的形式。在人大会议期间,人大代表可以就有关问题向本级人民政府、人民法院和人民检察院提出询问。

(五)选举权。选举权是指人大代表参加产生国家机关领导人员及其他人员的权利。

(六)罢免权。罢免是指由选举和任命产生的国家机关有关工作人员在任期届满以前,依法解除其职务的法律行为。罢免国家机关工作人员是人大各种监督手段中最严厉的监督手段,也是最后的监督措施。

(七)建议权、批评权。人大代表的建议、批评和意见,是代表向本级人大或者其常委会提出的对各方面工作的看法、意见的总称。代表建议、批评和意见可以个人提出,也可以联名提出;可以在大会会议期间提出,也可以在大会会议闭会期间提出。

(八)人大代表在闭会期间活动的权利。法律规定的代表在代表大会闭会期间的活动是多方面的,主要是参加视察和专题调研,应邀参加执法检查、列席有关会议,对各方面工作提出建议、批评和意见等。

17 人大代表履行的义务有哪些?

按照宪法以及相关法律的规定,对人大代表的义务可以概括为:(一)模范地遵守宪法和法律,保守国家秘密,在自己参加的生产、工作和社会活动中,协助宪法和法律的实施;(二)按时出席本级人民代表大会会议,认真审议各项议案、报告和其他议题,发表意见,做好会议期间的各项工作;(三)积极参加统一组织的视察、专题调研、执法检查等履职活动;(四)加强履职学习和调查研究,不断提高执行代表职务的能力;(五)与原选区选民或者原选举单位和人民群众保持密切联系,听取和反映他们的意见和要求,努力为人民服务;(六)自觉遵守社会公德,廉洁自律,公道正派,勤勉尽责;(七)法律规定的其他义务。

18 哪些机关有权制定地方性法规?

按照《中华人民共和国立法法》(以下简称《立法法》)第七十二条的规定,省、自治区、直辖市的人民代表大会及其常务委员会根据本行政区域的具体情况和实际需要,在不同宪法、法律、行政法规相抵触的前提下,可以制定地方性法规。

设区的市的人民代表大会及其常务委员会根据本市的具体情况和实际需要,在不同宪法、法律、行政法规和本省、自治区的地方性法规相抵触的前提下,可以对城乡建设与管理、环境保护、历史文化保护等方面的事项制定地方性法规,法律对设区的市制定地方性法规的事项另有规定的,从其规定。设区的市的地方性法规须报省、自治区的人民代表大会常务委员会批准后施行。省、自治区的人民代表大会常务委员会对报请批准的地方性法规,应当对其合法性进行审查,同宪法、法律、行政法规和本省、自治区的地方性法规不抵触的,应当在四个月内予以批准。

19 哪些机关有权制定政府规章?

按照《立法法》第八十二条的规定,省、自治区、直辖市和设区的市、自治州的人民政府,可以根据法律、行政法规和本省、自治区、直辖市的地方性法规,制定规章。

地方政府规章可以就下列事项作出规定:
(一)为执行法律、行政法规、地方性法规的规定需要制定规章的事项。
(二)属于本行政区域的具体行政管理事项。

设区的市、自治州的人民政府根据本条第一款、第二款制定地方政府规章,限于城乡建设与管理、环境保护、历史文化保护等方面的事项。

20 哪些机关有权制定自治条例和单行条例?

自治条例是指民族自治地方的人民代表大会根据宪法和法律的规定,并结合当地民族政治、经济和文化特点制定的有关管理自治地方事务的综合性法规。其内容涉及民族区域自治的基本组织原则、机构设置、自治机关的职权、活动原则、工作制度等重要问题。单行条例是指民族自治地方的人民代表大会及其常务委员会在自治权范围内,依法根据当地民族的特点,针对某一方面的具体问题而制定的法规。

按照我国《立法法》第七十五条的规定,民族自治地方的人民代表大会有权依照当地民族的政治、经济和文化的特点,制定自治条例和单行条例。自治区的自治条例和单行条例,报全国人民代表大会常务委员会批准后生效。自治州、自治县的自治条例和单行条例,报省、自治区、直辖市的人民代表大会常务委员会批准后生效。

自治条例和单行条例可以依照当地民族的特点,对法律和行政法规的规定作出变通规定,但不得违背法律或者行政法规的基本原则,不得对宪法和民族区域自治法的规定以及其他有关法律、行政法规专门就民族自治地方所作的规定作出变通规定。

民族区域自治法篇

21 什么是民族区域自治？

《中华人民共和国民族区域自治法》(以下简称《民族区域自治法》)序言中指出：民族区域自治，是中国共产党运用马克思列宁主义解决我国民族问题的基本政策，是国家的一项基本政治制度。

民族区域自治是在国家统一领导下，各少数民族聚居的地方实行区域自治，设立自治机关，行使自治权。

民族区域自治体现了国家充分尊重和保障各少数民族管理本民族内部事务权利的精神，体现了国家坚持实行各民族平等、团结和共同繁荣的原则。

22 《民族区域自治法》在我国法律体系中处于什么样的地位？

《民族区域自治法》于1984年5月31日由第六届全国人民代表大会第二次会议通过，并于1984年10月1日起实施。这部法律是实施宪法规定的民族区域自治制度的基本法律，在我国法律体系中占有重要地位,是我国法律体系的有机组成部分。宪法是国家的根本大法,是我国法律体系中的核心组成部分,占有最高地位。《民族区域自治法》仅次于宪法,同民法、刑法等一样属基本法的范围。

《民族区域自治法》共计74条,主要内容包括序言、总则、民族自治地方的建立和自治机关的组成、自治机关的自治权、民族自治地方的人民法院和人民检察院、民族自治地方内的民族关系、上级国家机关的职责以及附则等。

23 建立民族自治地方依法应当遵循哪些基本原则?

(1)以少数民族聚居区为基础。《民族区域自治法》第十二条第一款规定:"少数民族聚居的地方,根据当地民族关系、经济发展等条件,并参酌历史情况,可以建立以一个或者几个少数民族聚居区为基础的自治地方。"

(2)上级国家机关会同各民族的代表共同协商。《民族区域自治法》第十四条第一款规定:"民族自治地方的建立、区域界线的划分、名称的组成,由上级国家机关会同有关地方的国家机关,和有关民族的代表充分协商拟定,按照法律规定的程序报请批准。"

(3)保持民族自治地方区域界线的相对稳定。《民族区域自治法》第十四条第二款规定:"民族自治地方的区域界线一经确定,未经法定程序,不得变动;确实需要撤销、合并或者变动的,由上级国家机关的有关部门和民族自治地方的自治机关充分协商拟定,按照法定程序报请批准。"

24 我国建立了哪些民族自治地方?

目前,我国已经建立的民族自治地方有5个自治区(内蒙古自治区、广西壮族自治区、西藏自治区、宁夏回族自治区、新疆维吾尔自治区)、30

个自治州、117个自治县和3个自治旗。

25 民族乡为什么不是民族自治地方？

我国少数民族分布处于大杂居、小聚居的状况，有些少数民族聚居区，因区域太小、人口太少，事实上不可能行使自治权，不宜建立自治地方和设立自治机关。因此，在一些相当于乡一级的少数民族聚居的地方，建立了民族乡。根据《宪法》第三十条规定，我国民族自治地方包括自治区、自治州和自治县三级，而民族乡的行政地位则在县（包括自治县）一级之下。同时，《宪法》第三十条还规定，县、自治县可分为乡、民族乡、镇。因此，民族乡不是民族自治地方，而是县以下的基层行政区域。但是民族乡又不同于一般的乡，按照《宪法》第九十九条第三款规定，民族乡的人民代表大会可以依照法律规定的权限采取适合民族特点的具体措施。因此，民族乡虽然不是一级民族自治地方，但却是实行民族区域自治的一种重要补充。

26 法律对自治机关的组成人员有哪些要求？

民族自治地方的自治机关是自治区、自治州、自治县的人民代表大会和人民政府。《民族区域自治法》根据宪法规定的原则，对自治机关的组成作出下列规定：

（一）民族自治地方的人民代表大会中，实行区域自治的民族和其他少数民族代表的名额和比例，根据法律规定的原则，由省、自治区、直辖市的人民代表大会常务委员会决定，并报全国人民代表大会常务委员会备案。人口较少的少数民族在代表名额和比例分配上，将受到适当照顾。民族自治地方的人民代表大会常务委员会中应当有实行区域自治的民族的公民担任主任或者副主任。

（二）自治区主席、自治州州长、自治县县长由实行区域自治的民族的公民担任。民族自治地方人民政府的其他组成人员,应当合理配备实行区域自治的民族和其他少数民族的人员。

(三)民族自治地方的自治机关所属工作部门的干部中,应当合理配备实行区域自治的民族和其他少数民族人员。

27 民族自治地方的自治机关对国家负有哪些责任和义务?

根据《民族区域自治法》第五条至第七条的规定,民族自治地方的自治机关对国家负有的责任和义务,可以概括为以下三个方面:

(一)维护国家的统一,保证宪法和法律在本地方的遵守和执行。

(二)领导各族人民集中力量进行社会主义现代化建设。

(三)把国家的整体利益放在首位,积极完成上级国家机关交给的各项任务。

28 民族自治地方的自治机关有哪些自治权?

按照《民族区域自治法》第十九条至第四十五条的规定,民族自治地方的自治机关享有如下自治权:

(一)民族自治地方的人民代表大会有权依照当地民族的政治、经济和文化的特点,制定自治条例和单行条例。

(二)民族自治地方的自治机关对上级国家机关的决议、决定、命令和指示,如有不适合民族自治地方实际情况的,可以报经该上级国家机关批准,变通执行或者停止执行。

(三)民族自治地方的自治机关在国家计划的指导下,根据本地方的特点和需要,制定经济建设的方针、政策和计划,自主地安排和管理地方性的经济建设事业。

(四)民族自治地方的自治机关根据社会主义建设的需要,采取各种措施从当地民族中大量培养各级各类人才,充分发挥他们的作用。

（五）民族自治地方的自治机关自主地发展民族教育、文化、卫生和科技事业。

29 《国务院实施〈中华人民共和国民族区域自治法〉若干规定》对民族自治地方基础设施建设相关问题是如何规定的？

按照《国务院实施〈中华人民共和国民族区域自治法〉若干规定》第七条的规定，上级人民政府应当根据民族自治地方的实际，优先在民族自治地方安排基础设施建设项目。中央财政性建设资金、其他专项建设资金和政策性银行贷款，适当增加用于民族自治地方基础设施建设的比重。国家安排的基础设施建设项目，需要民族自治地方承担配套资金的，适当降低配套资金的比例。民族自治地方的国家扶贫重点县和财政困难县确实无力负担的，免除配套资金。其中，基础设施建设项目属于地方事务的，由中央和省级人民政府确定建设资金负担比例后，按比例全额安排；属于中央事务的，由中央财政全额安排。

30 《国务院实施〈中华人民共和国民族区域自治法〉若干规定》对民族自治地方资源开发和生态建设补偿问题是如何规定的？

按照《国务院实施〈中华人民共和国民族区域自治法〉若干规定》第八条的规定，国家根据经济和社会发展规划以及西部大开发战略，优先在民族自治地方安排资源开发和深加工项目。在民族自治地方开采石油、天然气等资源的，要在带动当地经济发展、发展相应的服务产业以及促进就业等方面，对当地给予支持。国家征收的矿产资源补偿费在安排使用时，加大对民族自治地方的投入，并优先考虑原产地的民族自治地方。国家加快建立生态补偿机制，根据开发者付费、受益者补偿、破坏者赔偿的原则，从国家、区域、产业三个层面，通过财政转移支付、项目支持等措施，对在野生动植物保护和自然保护区建设等生态环境保护方面作出贡献的民族自治地方,给予合理补偿。

31 《国务院实施〈中华人民共和国民族区域自治法〉若干规定》对民族贸易和民族特需用品生产扶持政策是如何规定的?

民族贸易是少数民族地区贸易活动的简称,是商品流通在少数民族地区的特殊表现形式。民族特需用品是指那些能够满足少数民族群众在日常生产生活中的特殊需求和偏好的,具有特定的用途、规格和款式,并浓缩各少数民族历史文化传统特色的产品。按照《国务院实施〈中华人民共和国民族区域自治法〉若干规定》第十二条的规定,国家完善扶持民族贸易、少数民族特需商品和传统手工业品生产发展的优惠政策,在税收、金融和财政政策上,对民族贸易、少数民族特需商品和传统手工业品生产予以照顾,对少数民族特需商品实行定点生产并建立必要的国家储备制度。

32 《国务院实施〈中华人民共和国民族区域自治法〉若干规定》对边境民族自治地方对外开放问题是如何规定的?

我国边疆绝大部分地区是少数民族聚居区。我国陆地边界线长2.2万公里,其中1.9万公里在民族自治地方,分别与14个国家接壤。全国135个陆地边境县,其中民族自治地方107个,总人口2100万,其中少数民族人口占一半。有陆路口岸122个,其中国家一类口岸65个。有13个沿边开放城市,14个国家级边境经济合作区。

按照《国务院实施〈中华人民共和国民族区域自治法〉若干规定》第十三条的规定,国家鼓励与外国接壤的民族自治地方依法与周边国家开展区域经济技术合作和边境贸易。经国务院批准,可以在与外国接壤的民族自治地方边境地区设立边境贸易区。国家对边境地区与接壤国家边境地区之间的贸易以及边民互市贸易,采取灵活措施,给予优惠和便利。

33. 《国务院实施〈中华人民共和国民族区域自治法〉若干规定》对扶持人口较少民族加快发展是如何规定的?

在我国55个少数民族中,有22个少数民族的人口在10万以下,总人口63万多人,统称为人口较少民族。我国人口较少民族主要分布在内蒙古、黑龙江、福建、广西、贵州、云南、西藏、甘肃、青海、新疆10个省(区)。除福建省外,其余9省(区)的人口较少民族相对聚居在西部和边疆地区的86个县(旗、市)、238个乡(镇)、640个行政村。其中有10多个民族与国外同一民族相邻而居。人口较少民族的共同特点是:人口较少,大多地处边境地区和偏远地区,多数跨境而居,绝大多数分布在民族自治地方,聚居在以乡、行政村为单位的农村社区。

按照《国务院实施〈中华人民共和国民族区域自治法〉若干规定》第十五条的规定,上级人民政府将人口较少民族聚居的地区发展纳入经济和社会发展规划,加大扶持力度,在交通、能源、生态环境保护与建设、农业基础设施建设、广播影视、文化、教育、医疗卫生以及群众生产生活等方面,给予重点支持。

34. 《国务院实施〈中华人民共和国民族区域自治法〉若干规定》对民族自治地方扶贫开发问题是如何规定的?

按照《国务院实施〈中华人民共和国民族区域自治法〉若干规定》第十六条的规定,国家加强民族自治地方的扶贫开发,重点支持民族自治地方贫困乡村以通水、通电、通路、通广播电视和茅草房危房改造、生态移民等为重点的基础设施建设和农田基本建设,动员和组织社会力量参与民族自治地方的扶贫开发。

35 《国务院实施〈中华人民共和国民族区域自治法〉若干规定》对经济发达地区与民族自治地方的对口支援问题是如何规定的?

对口支援,是指在国家统一领导下,经济发达地区对口帮扶民族地区、经济欠发达地区,以促进地区协调发展,实现共同富裕。对口支援具有计划性、支援性和互补性、稳定性和全面性等特点。

按照《国务院实施〈中华人民共和国民族区域自治法〉若干规定》第十八条的规定,国家组织和支持经济发达地区与民族自治地方的对口支援。通过劳动密集型和资源加工型产业的转移、技术转让、交流培训人才、加大资金投入、提供物资支持等多种方式,帮助民族自治地方加速经济、文化、教育、科技、卫生、体育事业的发展;鼓励和引导企业、高等院校和科研单位以及社会各方面力量加大对民族自治地方的支持力度。

36 《国务院实施〈中华人民共和国民族区域自治法〉若干规定》对帮助民族自治地方实行义务教育提供保障是如何规定的?

按照《国务院实施〈中华人民共和国民族区域自治法〉若干规定》第二十条的规定,各级人民政府应当将民族自治地方义务教育纳入公共财政的保障范围。中央财政设立少数民族教育专项补助资金,地方财政相应安排少数民族教育专项补助资金。国家积极创造条件,对民族自治地方的边境地区、贫困地区和人口较少民族聚居地区的义务教育给予重点支持,并逐步在民族自治地方的农村实行免费义务教育。

37 《国务院实施〈中华人民共和国民族区域自治法〉若干规定》对帮助和支持民族自治地方发展高等教育事业、培养少数民族人才是如何规定的?

按照《国务院实施〈中华人民共和国民族区域自治法〉若干规定》第

二十一条的规定,国家帮助和支持民族自治地方发展高等教育,办好民族院校和全国普通高等学校民族预科班、民族班。对民族自治地方的高等学校以及民族院校的学科建设和研究生招生,给予特殊的政策扶持。各类高等学校面向民族自治地方招生时,招生比例按规模同比增长并适当倾斜。对报考专科、本科和研究生的少数民族考生,在录取时应当根据情况采取加分或者降分的办法,适当放宽录取标准和条件,并对人口特少的少数民族考生给予特殊照顾。

民族预科班是指对当年参加全国普通高等学校统一招生考试、适当降分、择优录取的少数民族学生,实施高等学校本、专科(高职)预备性教育的一种办学形式,即先读一年或两年的预科班,再进入本、专科阶段学习。

38 《国务院实施〈中华人民共和国民族区域自治法〉若干规定》对保障少数民族语言文字权益方面是如何规定的?

按照《国务院实施〈中华人民共和国民族区域自治法〉若干规定》第二十二条的规定,国家保障各民族使用和发展本民族语言文字的自由,扶持少数民族语言文字的规范化、标准化和信息处理工作;推广使用全国通用的普通话和规范汉字;鼓励民族自治地方各民族公民互相学习语言文字。国家鼓励民族自治地方逐步推行少数民族语文和汉语文授课的"双语教学",扶持少数民族语文和汉语文教材的研究、开发、编译和出版,支持建立和健全少数民族教材的编译和审查机构,帮助培养通晓少数民族语文和汉语文的教师。

39 《国务院实施〈中华人民共和国民族区域自治法〉若干规定》对支持民族自治地方少数民族文化事业发展是如何规定的?

按照《国务院实施〈中华人民共和国民族区域自治法〉若干规定》第

二十四条的规定,上级人民政府从政策和资金上支持民族自治地方少数民族文化事业发展,加强文化基础设施建设,重点扶持具有民族形式和民族特点的公益性文化事业,加强民族自治地方的公共文化服务体系建设,培育和发展民族文化产业。国家支持少数民族新闻出版事业发展,做好少数民族语言广播、电影、电视节目的译制、制作和播映,扶持少数民族语言文字出版物的翻译、出版。国家重视少数民族优秀传统文化的继承和发展,定期举办少数民族传统体育运动会、少数民族文艺会演,繁荣民族文艺创作,丰富各民族群众的文化生活。

40 《国务院实施〈中华人民共和国民族区域自治法〉若干规定》对扶持民族自治地方医疗卫生事业发展、提高各民族人口素质是如何规定的?

按照《国务院实施〈中华人民共和国民族区域自治法〉若干规定》第二十六条的规定,上级人民政府加大对民族自治地方公共卫生体系建设的资金投入以及技术支持,采取有效措施预防控制传染病、地方病和寄生虫病,建立并完善农村卫生服务体系、新型农村合作医疗制度和医疗救助制度,减轻民族自治地方贫困群众医疗费的负担;各级人民政府加大对民族医药事业的投入,保护、扶持和发展民族医药学,提高各民族的健康水平。上级人民政府制定优惠政策,鼓励民族自治地方实行计划生育和优生优育,提高各民族人口素质。

41 我国颁布了哪些宗教事务方面的法律文件?

按照我国关于宗教事务方面的立法,现行的宗教事务方面行政法规有两部,即《宗教事务条例》和《中华人民共和国境内外国人宗教活动管理规定》。

现行的国家宗教事务局部门规章有九部,具体包括:《宗教院校聘用外籍专业人员办法》《中华人民共和国境内外国人宗教活动管理规定实施细则》《宗教活动场所设立审批和登记办法》《宗教教职人员备案办法》《宗教活动场所主要教职任职备案办法》《藏传佛教活佛转世管理办法》《宗教院校设立办法》《宗教活动场所财务监督管理办法(试行)》和《藏传佛教寺庙管理办法》。

42 《宗教事务条例》所规范的"宗教事务"是指哪些事务?

按照立法精神,《宗教事务条例》规范和调整的宗教事务,不是一般意义上的所有宗教事务,而是涉及国家利益和社会公共利益的宗教事务。国家利益和社会公共利益在本质上是非人格化的利益,其主体和所惠及的是非特定的多数人,其中包括广大信仰宗教的公民、宗教团体和宗教活动场所等。

　　行政机关只有切实维护国家利益、社会公共利益,才能真正并且从根本上保护公民、法人和其他组织的合法权益。当然,这也包括广大信仰宗教的公民(含宗教教职人员)、宗教团体和宗教活动场所的合法权益。正因为如此,国家需要对这部分宗教事务加以规范,行政机关需要依法实施管理。

43 什么是"正常的宗教活动"?

　　正常的宗教活动主要有两层含义:一是宗教活动要在法律、法规、规章允许的范围内进行;二是宗教活动要严格按照宗教教义、教规及传统宗教习惯开展。宗教团体、宗教活动场所、宗教教职人员和广大信教群众在宪法、法律允许的范围内,按照各宗教教义、教规及传统宗教习惯,在宗教活动场所集体进行的以及信教群众在自己家里进行的拜佛、诵经、烧香、礼拜、祈祷、讲经、讲道、弥撒、受洗、受戒、封斋、终傅、追思等活动,都属于正常的宗教活动。正常的宗教活动,是受到国家法律保护的,任何人不得加以干涉。

44 哪些活动属于利用宗教进行妨碍国家教育制度的活动?

　　不得利用宗教进行妨碍国家教育制度的活动,主要有两层含义:一是不得利用宗教妨碍公民接受学校教育和社会公共教育,不得利用宗教妨碍义务教育的实施;二是不得利用宗教妨碍学校教学活动的正常进行,具体是指除经政府批准设立的宗教院校外,在各级各类学校中:(1)不得进行宗教活动;(2)不得开设宗教课或向学生传播宗教,不得组织学生到宗教活动场所开展教学和实践活动,干扰、阻挠学校向学生进行思想品德和科学文化教育;(3)不得强迫、诱使学生信仰宗教,更不得在学校内从事任何发展教徒、成立宗教团体和组织的活动；(4)中等和中等以下学校的教材不得有宣传宗教思想的内容,大学某些学科采用有宗教内容的教材应经省级以上教育行政主管部门审批；(5)学生不得参加非法的宗教组织和宗教聚会活动；(6)教师不得利用工作之便,在教学中进行宗教宣传和带领学生参加宗教活动,严禁外籍教师在学校从事传播宗教的活动。

《宪法》第三十六条：任何人不得利用宗教进行破坏社会秩序、损害公民身体健康、妨碍国家教育制度的活动。

《中华人民共和国民办教育促进法》第四条：民办学校应当贯彻教育与宗教相分离的原则。任何组织和个人不得利用宗教进行妨碍国家教育制度的活动。

《宗教事务条例》第三条：任何组织或者个人不得利用宗教进行破坏社会秩序、损害公民身体健康、妨碍国家教育制度,以及其他损害国家利益、社会公共利益和公民合法权益的活动。

45 《宗教事务条例》对信教公民举行集体宗教活动有哪些原则规定？

按照《宗教事务条例》第十二条至第十五条的规定,信教公民举行集体宗教活动,应当遵守以下规定：一是信教公民举行集体宗教活动,一般应在经政府宗教事务部门登记的宗教活动场所举行,即佛教寺院、道教宫观、伊斯兰教清真寺、天主教和基督教教堂,以及其他依法登记的开展宗教活动的固定处所。二是集体宗教活动应当由宗教活动场所或者宗教团体组织。三是集体宗教活动要由宗教教职人员或者符合本宗教规定的其他人员主持。宗教教职人员是指按照本条例第四章的规定,由宗教团体认定,并报政府宗教事务部门备案,可以从事宗教教务活动的人员。符合本宗教规定的其他人员主要是指：除宗教教职人员以外,经宗教团体依据本宗教全国性宗教团体的规定认可的,可以主持宗教活动的其他人员。

46 什么是宗教活动场所?

宗教活动场所,是指经依法登记、拥有相关宗教设施、组织信教公民开展集体宗教活动的寺院、宫观、清真寺、教堂等非营利性社会组织。《宗教事务条例》将宗教活动场所分为寺院、宫观、清真寺、教堂和其他固定宗教活动处所两类。其他固定宗教活动处所,主要是指除寺观教堂以外、供信教公民经常进行集体宗教活动的固定简易活动场所。

47 哪些人员属于宗教教职人员?

宗教教职人员,一般是对各宗教专门从事教务活动人员的统称。按照《宗教事务条例》第二十七条第一款的规定,宗教教职人员经宗教团体认定,报县级以上人民政府宗教事务部门备案,可以从事宗教教务活动。这一内容主要包括两层含义:一是"宗教教职人员经宗教团体认定",即宗教教职人员的身份要经宗教团体认定。这是宗教教职人员取得宗教上的合法性的必经程序。除宗教团体以外,其他组织和个人都不得认定宗教教职人员。二是宗教团体认定的宗教教职人员,须报县级以上人民政府宗教事务部门备案,可以从事宗教教务活动。未经备案,不能以教职人员身份从事宗教教务活动。这是宗教教职人员取得法律上合法性的必经程序。

48 受法律保护的宗教财产具体指的是什么?

所谓宗教财产,就是宗教团体、宗教活动场所依法所有或者管理、使用的房屋、构筑物、土地(含山林、草场、墓地)、文物、宗教用品、各类设施及宗教性收入(如奉献收入、祭典收入、香金、诵经费、香客住宿费、安置长生禄位收入、安置往生禄位收入等)、门票收入、国内外捐赠收入、政府资助资金以及其他收入(含房屋租金收入、存款利息等)和所办企事业的合法资产、收入等。按照《宗教事务条例》第三十条的规定，宗教团体、宗教活动场所合法使用的土地，合法所有或者使用的房屋、构筑物、设施，以及其他合法财产、收益，受法律保护。任何组织或者个人不得侵占、哄抢、私分、损毁或者非法查封、扣押、冻结、没收、处分宗教团体、宗教活动场所的合法财产，不得损毁宗教团体、宗教活动场所占有、使用的文物。该条例对宗教财产作了界定，并且明确规定，宗教团体、宗教活动场所的合法财产受法律保护。

49 《宗教事务条例》对宗教团体、宗教活动场所的财务监督管理是如何规定的？

按照《宗教事务条例》第三十条至第三十七条的规定，宗教团体、宗教活动场所的财务收支情况和接受、使用捐赠情况，既要向当地县级以上人民政府宗教事务部门报告，又要以适当方式向信教群众公布。规定宗教活动场所、宗教团体必须向所在地的县级以上人民政府宗教事务部门提交财务收支情况和接受、使用捐赠情况的报告，并不是要干预宗教活动场所、宗教团体的内部事务，而是通过审查客观记载的财务会计状况，宗教事务部门可以掌握这些宗教组织是否按其宗旨在开展活动，是否在经济上达到收支平衡，是否能维持宗教组织正常运转，是否能够满足信教群众宗教活动的需要。另外，将这些情况以适当方式向信教群众公布，是接受社会监督的一种有效形式。通过建立以上两种有效的外部监督机制，可以保证宗教组织的非营利性，防止其变相牟利，监督其收益必须用于本宗教组织及其举办的公益事业。

50 外国人在中国境内进行宗教活动应遵守哪些规定？

《中华人民共和国境内外国人宗教活动管理规定》及其实施细则规定，外国人在中国境内进行宗教活动，应当遵守中国的法律、法规。具体内容如下：

（一）进行集体宗教活动要在由县级以上人民政府宗教事务部门认可的经依法登记的寺院、宫观、清真寺、教堂，或在由省级以上人民政府宗教事务部门指定的临时地点举行。

（二）同中国宗教界的友好往来和文化学术交流活动，应通过省、自治区、直辖市以上宗教团体进行。

（三）携带宗教印刷品、宗教音像制品和其他宗教用品入境，应符合中国的有关规定。

（四）在中国境内招收宗教留学人员或者到中国宗教院校留学和讲学，按照中国的有关规定办理。

（五）不得干涉中国宗教团体、宗教活动场所的设立和变更，不得干涉中国宗教团体对宗教教职人员的选任和变更，不得干涉和支配中国宗教团体的其他内部事务。

（六）不得在中国境内以任何名义或形式成立宗教组织、设立宗教办事机构、设立宗教活动场所或者开办宗教院校、举办宗教培训班。

（七）不得在中国境内进行传教活动，包括在中国公民中委任宗教教职人员；在中国公民中发展宗教教徒；擅自在宗教活动场所讲经、讲道；未经批准在依法登记的宗教活动场所以外的处所讲经、讲道，进行宗教聚会活动；在宗教活动临时地点举行有中国公民参加的宗教活动，被邀请主持宗教活动的中国宗教教职人员除外；制作或者销售宗教书刊、宗教音像制品、宗教电子出版物等宗教用品；散发宗教宣传品；其他形式的传教活动。

行政法篇

51 治安管理处罚的种类有哪些?

按照《中华人民共和国治安管理处罚法》(以下简称《治安管理处罚法》)的规定,治安管理处罚的种类有警告、罚款、行政拘留、吊销公安机关发放的许可证四种。对违反治安管理的外国人,可以附加适用限期出境或者驱逐出境。

(一)警告。警告属于最轻微的一种治安管理处罚,只适用于违反治安管理情节轻微的情形,或者违反治安管理行为人具有法定从轻、减轻处罚情节的情况。警告具有谴责和训诫两重含义,警告的处罚由县级以上公安机关决定,也可以由公安派出所决定。

(二)罚款。罚款是给违反治安管理行为人处以支付一定金钱义务的处罚。罚款的作用在于通过使违反治安管理行为人在经济上受到损失,起到惩戒和教育的作用。罚款的处罚一般由县级以上人民政府公安机关决定,但是对于五百元以下的罚款,可以由公安派出所决定。

(三)行政拘留。行政拘留是短期内剥夺违反治安管理行为人的人身自由的一种处罚。拘留是对自然人最严厉的一种治安管理处罚,一般分为五日以下、五日以上十日以下、十日以上十五日以下三个档次,拘留的处罚只能由县级以上人民政府公安机关决定。对被决定给予行政拘留处罚的人,在处罚决定生效后,由作出拘留决定的公安机关送达拘留所执行。

(四)吊销公安机关发放的许可证。即剥夺违反治安管理行为人已经取得的,由公安机关依法发放的从事某项与治安管理有关的行政许可事项的许可证,使其丧失继续从事该项行政许可事项资格的一种处罚。吊销公安机关发放的许可证的处罚,应当由县级以上公安机关决定。

另外,对违反治安管理的外国人可以附加适用限期出境或者驱逐出境的规定。

《治安管理处罚法》第十条:治安管理处罚的种类分为:
(一)警告;
(二)罚款;
(三)行政拘留;
(四)吊销公安机关发放的许可证。
对违反治安管理的外国人,可以附加适用限期出境或者驱逐出境。

52 未成年人违反《治安管理处罚法》的,应如何处罚?

根据《中华人民共和国未成年人保护法》《中华人民共和国预防未成年人犯罪法》等法律的规定,对未成年人违法犯罪的,要坚持教育为主、处罚为辅的方针。具体处罚原则如下:

(一)对于已满十四周岁不满十八周岁的未成年人违反治安管理的,从轻或者减轻处罚。从轻处罚是指根据本人违反治安管理的行为确定应当给予的治安管理处罚,在这一档处罚幅度内,选择较轻或者最轻的处罚。如依照本法规定,对结伙斗殴行为应给予五日以上十日以下拘留,已满十四周岁不满十八周岁的未成年人有这一违法行为的,从轻给予八日、九日或者六日治安拘留的处罚。减轻处罚是指根据本人违反治安管理的行为确定应当给予的治安管理处罚,在这一档处罚的下一档处罚幅度内给予治安处罚。如对盗窃公私财物的,法律规定了拘留和罚款两档处罚,如果已满十四周岁不满十八周岁的人盗窃,本应处拘留,但依照本条规定,应减轻处罚处以罚款。

(二)对不满十四周岁的人违反治安管理的,不予处罚,但是应当责令其监护人严加管教。不处罚不等于放任不管,法律要求其监护人严加管教,以教育行为人,防止其继续危害社会。按照《中华人民共和国民法通则》的规定,未成年人的父母是未成年人的监护人。未成年人的父母已经死亡或者没有监护能力的,由下列人员中有监护能力的人担任监护人:(1)祖父母、外祖父母;(2)兄、姐;(3)关系密切的其他亲属、朋友愿意承担监护责任,经未成年人的父、母所在单位或者未成年人住所地的居民委员会、村民委员会同意的。

《治安管理处罚法》第十二条:已满十四周岁不满十八周岁的人违反治安管理的,从轻或者减轻处罚。不满十四周岁的人违反治安管理的,不予处罚,但是应当责令其监护人严加管教。

53 精神病人违反《治安管理处罚法》的,应如何处罚?

按照《治安管理处罚法》的规定,对于精神病人违反治安管理作了特殊规定,具体内容解读如下:

(一)精神病人在不能辨认或者不能控制自己行为的时候违反治安管理的处理。精神病人在不能辨认或者不能控制自己行为的时候违反治安管理的,不予处罚,但是应当责令其监护人严加看管和治疗。不能辨认自己的行为、不能控制自己的行为是选择性的,即只要精神病人符合其中的一种情形,就不予处罚。

当然,对于精神病人违反治安管理的,即使不予处罚,也不能放任不管,任其危害社会和他人,要责令其监护人严加看管和治疗。精神病人的监护人由下列人员担任:(1)配偶;(2)父母;(3)成年子女;(4)其他近亲属;(5)关系密切的其他亲属、朋友愿意承担监护责任,经精神病人的所在单位或者住所地的居民委员会、村民委员会同意的。

(二)对间歇性的精神病人在精神正常的时候违反治安管理的处理。间歇性的精神病人是指精神并非一直处于错乱而完全失去辨认或者控制自己行为的能力,其精神疾病有时发作、有时不发作,精神有时正常、有时不正常的精神病人。在间歇性的精神病人精神正常的情况下,他们具有辨认和控制自己行为的能力,这时与常人无异,违反治安管理的,应当予以处罚。

《治安管理处罚法》第十三条:精神病人在不能辨认或者不能控制自己行为的时候违反治安管理的,不予处罚,但是应当责令其监护人严加看管和治疗。间歇性的精神病人在精神正常的时候违反治安管理的,应当给予处罚。

54 盲人或者又聋又哑的人违反《治安管理处罚法》的,应如何处罚?

按照《治安管理处罚法》的规定,对于盲人或者又聋又哑的人违反治安管理作了特殊规定,具体内容解读如下:

(一)盲人或者又聋又哑的人违反治安管理的,应当予以处罚。盲人和又聋又哑的人属于生理上有比较大的缺陷的人,但是如果他们是成年人且智力和精神状况正常,则并未失去辨认或者控制自己行为的能力,对自己行为的性质和后果也会有正确的判断,不属于无行为能力的人,应当对他们违反治安管理的行为负责任。

(二)对于盲人或者又聋又哑的人违反治安管理的,可以从轻、减轻或者不予处罚。受生理缺陷的限制和影响,对盲人或者又聋又哑的人的处罚应当比正常人要轻一些。法律规定的"从轻、减轻或者不予处罚"的处罚原则,在实践中要根据行为人违反治安管理的具体情况具体分析,区别对待,确定应当给予何种处罚或者不予处罚。

《治安管理处罚法》第十四条:盲人或者又聋又哑的人违反治安管理的,可以从轻、减轻或者不予处罚。

55 醉酒的人违反《治安管理处罚法》的,应如何处罚?

按照《治安管理处罚法》的规定,对于醉酒的人违反治安管理的处罚规定解读如下:

(一)醉酒的人违反治安管理的应当给予处罚。由于醉酒的人并未完全失去辨别是非和控制自己行为的能力,而且其应当预见到自己酒后的行为和后果,其违反治安管理的行为主要是由自己主观过失造成的,因此,应当对自己违反治安管理的行为负责,应当给予处罚。

(二)应当对醉酒的人采取保护性措施约束至酒醒。醉酒的人在醉酒状态中,意识不清醒,具有一定的人身危险性,应当加以保护。约束至酒醒不是对醉酒人的一种处罚,而是保护性的强制措施,待醉酒的人酒醒、意识清楚后,才可以自由离开或者根据其违反治安管理的行为给予处罚。

《治安管理处罚法》第十五条:醉酒的人违反治安管理的,应当给予处罚。

醉酒的人在醉酒状态中,对本人有危险或者对他人的人身、财产或者公共安全有威胁的,应当对其采取保护性措施约束至酒醒。

56 对扰乱文化、体育等大型群众性活动秩序的,应如何处罚?

按照《治安管理处罚法》第二十四条的规定,有下列行为之一,处警告或者二百元以下罚款。情节严重的,处五日以上十日以下拘留,可以并处五百元以下罚款。

(一)强行进入场内的。

(二)违反规定,在场内燃放烟花爆竹或者其他物品的。

(三)展示侮辱性标语、条幅等物品的。

(四)围攻裁判员、运动员或者其他工作人员的。

(五)向场内投掷杂物,不听制止的。

(六)扰乱大型群众性活动秩序的其他行为。

因扰乱体育比赛秩序被处以拘留处罚的,可以同时责令其十二个月内不得进入体育场馆观看同类比赛。违反规定进入体育场馆的,强行带离现场。

57 对散布谣言,谎报险情、疫情、警情,投放虚假的危险物质和散布恐怖信息等扰乱公共秩序的行为如何处罚?

按照《治安管理处罚法》的规定,以下扰乱公共秩序的行为,应当处五日以上十日以下拘留,可以并处五百元以下罚款。情节较轻的,处五日以下拘留或者五百元以下罚款。

(一)散布谣言,谎报险情、疫情、警情或者以其他方法故意扰乱公共秩序的行为。所谓"散布谣言",是指捏造并散布没有事实根据的谎言用以迷惑不明真相的群众,扰乱社会公共秩序的行为。谎报险情、疫情、警情则是指编造火灾、水灾、地质灾害以及其他危险情况和传染病传播的情况以及有违法犯罪行为发生或者明知是虚假的险情、疫情、警情,向有关部门报告的行为。

（二）投放虚假的危险物质。投放虚假的危险物质是指明知是虚假的危险物质而以邮寄、放置等方式将虚假的类似于爆炸性、毒害性、放射性、腐蚀性物质或者传染病病原体等物质置于他人或者公众面前或者周围的行为。

（三）扬言实施放火、爆炸、投放危险物质扰乱公共秩序的行为。所谓"扬言实施"，是指以公开表达的方式使人相信其将实施这些行为。放火是指故意纵火焚烧公私财物，严重危害公共安全的行为。爆炸是指故意引起爆炸物爆炸，危害公共安全的行为。投放危险物质，是指向公共饮用水源、食品或者公共场所、设施或者其他场所投放能够致人死亡或者严重危害人体健康的毒害性、放射性、传染病病原体等物质的行为。

《治安管理处罚法》第二十五条：有下列行为之一的，处五日以上十日以下拘留，可以并处五百元以下罚款。情节较轻的，处五日以下拘留或者五百元以下罚款。

（一）散布谣言，谎报险情、疫情、警情或者以其他方法故意扰乱公共秩序的；

（二）投放虚假的爆炸性、毒害性、放射性、腐蚀性物质或者传染病病原体等危险物质扰乱公共秩序的；

（三）扬言实施放火、爆炸、投放危险物质扰乱公共秩序的。

58 对结伙斗殴，追逐、拦截他人，强拿硬要等寻衅滋事行为如何处罚？

寻衅滋事行为是指在公共场所无事生非，起哄闹事，肆意挑衅，横行霸道，打群架，破坏公共秩序，尚未造成严重后果的行为。对寻衅滋事行为，处五日以上十日以下拘留，可以并处五百元以下罚款。情节较重的，处十日以上十五日以下拘留，可以并处一千元以下罚款。寻衅滋事行为

主要表现为如下几种形式:

(一)结伙斗殴的。一般是指出于私仇宿怨、争霸一方或者其他动机而以结成团伙的方式打群架。

(二)追逐、拦截他人的。是指出于取乐、寻求精神刺激等不健康动机,无故无理追赶、拦挡他人,以及追逐、拦截异性等。

(三)强拿硬要或者任意损毁、占用公私财物的。是指以蛮不讲理的流氓手段,强行索要市场、商店的商品以及他人的财物,或者随心所欲损坏、毁灭、占用公私财物。

(四)其他寻衅滋事行为。是指上述行为以外的其他寻衅滋事扰乱公共秩序的行为。

《治安管理处罚法》第二十六条:有下列行为之一的,处五日以上十日以下拘留,可以并处五百元以下罚款。情节较重的,处十日以上十五日以下拘留,可以并处一千元以下罚款。

(一)结伙斗殴的;

(二)追逐、拦截他人的;

(三)强拿硬要或者任意损毁、占用公私财物的;

(四)其他寻衅滋事行为。

59 对利用封建迷信、会道门进行非法活动的行为如何处罚?

根据《治安管理处罚法》的规定,利用封建迷信、会道门进行非法活动的行为处十日以上十五日以下拘留,可以并处一千元以下罚款。情节较轻的,处五日以上十日以下拘留,可以并处五百元以下罚款。

利用封建迷信、会道门进行非法活动的行为,包括以下三种表现形式:

(一)组织、教唆、胁迫、诱骗、煽动他人从事邪教、会道门活动。所谓

"组织",是指为组成、建立会道门、邪教组织而开展的鼓动、纠集、纠合他人参加等组织活动。所谓"教唆",是指通过刺激、利诱、怂恿等方法使被教唆者接受教唆意图,并从事某种行为。所谓"胁迫",是指行为人以将要发生的损害或者以直接实施损害相威胁,对被害人实行精神强制进而使对方当事人产生恐惧而作出违背其真实意愿的行为。所谓"诱骗",是指通过物质或者非物质的利益等方式欺骗他人。所谓"煽动",是指以语言、文字、图像等方式对他人进行鼓动、宣传,意图使他人相信其所煽动的内容,或者意图使他人去实施所煽动的行为。所谓"邪教组织",是指冒用宗教教义而建立的,不受国家法律承认和保护的非法组织。与宗教组织相比较,其发展教徒、筹集活动经费、传教方式是反社会的、反道德的,是邪恶的,故称为邪教组织。所谓"会道门",是封建迷信活动组织的总称,如我国历史上曾经出现的一贯道、九宫道、哥老会、先天道、后天道等组织。

(二)利用邪教、会道门、迷信活动扰乱社会秩序、损害他人身体健康。

(三)冒用宗教、气功名义进行扰乱社会秩序、损害他人身体健康活动的。

《治安管理处罚法》第二十七条:有下列行为之一的,处十日以上十五日以下拘留,可以并处一千元以下罚款。情节较轻的,处五日以上十日以下拘留,可以并处五百元以下罚款。

(一)组织、教唆、胁迫、诱骗、煽动他人从事邪教、会道门活动或者利用邪教、会道门、迷信活动,扰乱社会秩序、损害他人身体健康的;

(二)冒用宗教、气功名义进行扰乱社会秩序、损害他人身体健康活动的。

60 对举办大型活动违反有关规定的行为如何处罚?

群众性文化体育活动的范围包括在公园、风景游览区、游乐园、广场、体育场(馆)、展览馆、俱乐部、公共道路、居民生活区等公共场所举办的演唱会、音乐会等文艺活动,游园、灯会、花会、龙舟会等民间传统活动,体育比赛、民间竞技、健身气功等群众性体育活动,在影剧场(院)举办其经营范围之外的活动等。

按照《群众性文化体育活动治安管理办法》,群众性文化体育活动的参加人数在二百人以上三千人以下的,由县级公安机关许可。人数在三千人以上的,由地(市)级公安机关许可。不符合举办大型活动的安全要求,可能会危及参加者的人身财产安全等。因此,按照《治安管理处罚法》的规定,举办文化、体育等大型群众性活动,违反有关规定,有发生安全事故危险的,责令停止活动,立即疏散。对组织者处五日以上十日以下拘留,并处二百元以上五百元以下罚款。情节较轻的,处五日以下拘留或者五百元以下罚款。

《治安管理处罚法》第三十八条:举办文化、体育等大型群众性活动,违反有关规定,有发生安全事故危险的,责令停止活动,立即疏散。对组织者处五日以上十日以下拘留,并处二百元以上五百元以下罚款。情节较轻的,处五日以下拘留或者五百元以下罚款。

61 对恐怖表演、强迫劳动、非法限制他人人身自由、非法侵入他人住宅或者非法搜查他人身体的行为如何处罚?

对恐怖表演、强迫劳动、非法限制他人人身自由、非法侵入他人住宅或者非法搜查他人身体的行为如何处罚?

按照《治安管理处罚法》的规定,对进行恐怖表演、强迫劳动、非法限制他人人身自由、非法侵入他人住宅或者非法搜查他人身体的行为,处十日以上十五日以下拘留,并处五百元以上一千元以下罚款。情节较轻的,处五日以上十日以下拘留,并处二百元以上五百元以下罚款。现就这几种违法行为的性质和特征解读如下：

（一）组织、胁迫、诱骗不满十六周岁的人或者残疾人进行恐怖、残忍表演的行为是违反国家规定，应当受到惩处的行为。这种行为的特征表现为：(1)行为人必须实施了组织、胁迫、诱骗的行为。组织是指行为人通过纠集、控制不满十六周岁的人、残疾人或者以雇佣、招募等手段让不满十六周岁的人、残疾人表演恐怖、残忍节目的行为。胁迫是指行为人以立即实施暴力或其他有损身心健康的行为，如冻饿、罚跪等相要挟，逼迫不满十六周岁的人、残疾人按其要求表演恐怖、残忍节目的行为。诱骗是指行为人利用不满十六周岁的人年幼无知的弱点或亲属等其他人身依附关系，或者利用残疾人的自身弱点，以许愿、诱惑、欺骗等手段使不满十六周岁的人、残疾人按其要求表演恐怖、残忍节目的行为。(2)组织、胁迫、诱骗的对象必须是不满十六周岁的人或者残疾人。(3)组织、胁迫、诱骗不满十六周岁的人或者残疾人进行的是恐怖、残忍表演。恐怖表演是指营造凶杀、暴力等恐怖气氛的表演项目；残忍表演是指对人的身体进行残酷折磨，以营造残忍气氛的表演项目。

（二）对于任何以暴力、威胁或者其他手段强迫他人劳动的行为，严重侵害了他人的人身自由和劳动权利，应当予以惩处。强迫他人劳动的特征是：(1)行为人必须采用暴力、威胁或者其他手段。暴力手段，是指行为人对他人人身实行殴打、捆绑等强制手段，使他人不得不按行为人的要求进行劳动。威胁手段，是指行为人对他人实行恐吓、要挟等精神强制手段，如以人身伤害、毁坏财物、损害名誉等相要挟，使他人产生恐惧，不敢作真实的意思表示，而不得不按行为人的要求进行劳动。其他手段，是指使用暴力、胁迫以外的使他人不敢抗拒、无法抗拒的强制手段。(2)行为人实施了强迫他人劳动的行为。这种强迫他人劳动的行为，是以暴力、威胁或者其他手段，且违背他人的主观意志，强迫他人进行劳动的行为。

（三）非法限制他人人身自由、非法侵入他人住宅或者非法搜查他人身体的行为包括非法限制他人人身自由的行为、非法侵入他人住宅的行为、非法搜查他人身体的行为三种。

《治安管理处罚法》第四十条：有下列行为之一的，处十日以上十五日以下拘留，并处五百元以上一千元以下罚款。情节较轻的，处五日以上十日以下拘留，并处二百元以上五百元以下罚款。

（一）组织、胁迫、诱骗不满十六周岁的人或者残疾人进行恐怖、残忍表演的；

（二）以暴力、威胁或者其他手段强迫他人劳动的；

（三）非法限制他人人身自由、非法侵入他人住宅或者非法搜查他人身体的。

62 对胁迫、诱骗或者利用他人乞讨，或者以滋扰方式乞讨的行为如何处罚？

按照《治安管理处罚法》的规定，胁迫、诱骗或者利用他人乞讨的，处十日以上十五日以下拘留，可以并处一千元以下罚款。对于反复纠缠、强行讨要或者以其他滋扰他人的方式乞讨的，处五日以下拘留或者警告。对这些违法行为的性质和特征解读如下：

（一）由于胁迫、诱骗或者利用他人乞讨的行为具有一定的社会危害性，因此，法律规定应予以惩处。这种行为的基本特征是：（1）行为人必须采用胁迫、诱骗或者利用的手段。胁迫他人乞讨，是指行为人以立即实施暴力或其他有损身心健康的行为，逼迫他人进行乞讨的行为。诱骗他人乞讨，是指行为人利用他人的弱点或亲属等人身依附关系，或者以许愿、诱惑、欺骗等手段指使他人进行乞讨的行为。利用他人乞讨，是指行为人怀有个人私利，使用各种手段让他人自愿按其要求进行乞讨的行为。（2）行为人实施了胁迫、诱骗或者利用他人乞讨，为自己牟取利益的行为。乞讨者进行乞讨并不是出于本人自愿，而是被行为人胁迫、诱骗或者利用的；行为人胁迫、诱骗或者利用他人乞讨的目的是为了给自己牟取利益,将他人乞讨来的财物据为己有。

(二)反复纠缠、强行讨要或者以其他滋扰他人的方式乞讨的行为。反复纠缠是指一次又一次、不断地缠着他人进行乞讨的行为。具体表现为拽衣服、抱腿、不给钱就不松手等方式纠缠路人。强行讨要是指以蛮不讲理的方式,向他人乞讨,致使他人不得不满足其乞讨要求的行为。其他滋扰他人的方式是指采用除反复纠缠、强行讨要以外的其他方式进行乞讨的行为。

《治安管理处罚法》第四十一条:胁迫、诱骗或者利用他人乞讨的,处十日以上十五日以下拘留,可以并处一千元以下罚款。

反复纠缠、强行讨要或者以其他滋扰他人的方式乞讨的,处五日以下拘留或者警告。

63 对猥亵他人或在公共场所裸露身体的行为如何处罚?

按照《治安管理处罚法》的规定,猥亵他人或者在公共场所故意裸露身体,情节恶劣的,处五日以上十日以下拘留。如果猥亵的对象或者受害人是智力残疾人、精神病人、不满十四周岁的人或者有其他严重情节的,则处十日以上十五日以下拘留。这些违法行为的性质和特点表现如下:

(一)猥亵他人的行为。猥亵他人是指以强制或者非强制的方法,违背对方意志,实施的正常性接触以外的能够满足行为人淫秽下流欲望的行为。主观上,行为人必须是故意实施猥亵他人的行为,其动机通常表现在为了刺激、满足行为人或者第三人的性欲的倾向;必须具有违背他人意志的特征,如果对方对于行为人的猥亵行为表示同意,则不是猥亵他人的行为。

(二)在公共场所故意裸露身体,情节恶劣的行为。公共场所是指公众进行公开活动的场所,如商店、影剧院、体育场、公共交通工具、街道等场所。裸露身体不仅包括赤裸全身,也包括赤裸下身或者暴露阴私部位,或者女性赤裸上身等情形。

(三)猥亵智力残疾人、精神病人、不满十四周岁的人或者有其他严重情节的行为。智力残疾人是指人的智力明显低于一般人的水平,并显示适应行为障碍;精神病人是指神经活动失调,不能辨认或者控制自己行为的人,包括完全丧失辨认或者控制自己行为的精神病人、间歇性精神病人和尚未完全丧失辨认或者控制自己行为的精神病人。由于这些受害人都是弱者,因此法律规定了更为严厉的处罚措施。

《治安管理处罚法》第四十四条:猥亵他人的,或者在公共场所故意裸露身体,情节恶劣的,处五日以上十日以下拘留。猥亵智力残疾人、精神病人、不满十四周岁的人或者有其他严重情节的,处十日以上十五日以下拘留。

64 对强买强卖商品,强迫他人提供服务或者强迫他人接受服务的行为如何处罚?

按照《治安管理处罚法》的规定,对于强买强卖商品、强迫他人提供服务或者强迫他人接受服务的行为,应当处五日以上十日以下拘留,并处二百元以上五百元以下罚款。如果行为人的违法情节较轻,则处五日以下拘留或者五百元以下罚款。强买强卖商品、强迫他人提供服务或者强迫他人接受服务等不规范的交易行为,是一种违法行为。其特征包括:

(一)这种行为不仅破坏了公平自由竞争的市场秩序,也侵害了被强迫交易人的合法权益。

(二)行为人通过暴力或者以暴力相威胁或者其他强制力,使他人不敢或者不能抗拒,是一种违背对方意志的不公平价格交易。

(三)行为人实施了强买强卖商品、强迫他人提供服务或强迫他人接受服务的行为。所谓"强买强卖商品",是指在商品交易中违反法律、法规和商品交易规则,不顾交易对方是否同意,强行买进或者强行卖出的行为。强迫他人提供服务则是指行为人在享受服务消费时,不遵守公平自愿的原则,不顾提供服务方是否同意,强迫对方提供某种服务的行为。强迫他人接受服务主要是指餐饮业、旅馆业、娱乐业、美容服务业、维修业等服务性质的行业在营业中,违反法律、法规和商业道德及公平自愿的原则,不顾消费者是否同意,强迫消费者接受其服务的行为。

《治安管理处罚法》第四十六条:强买强卖商品、强迫他人提供服务或者强迫他人接受服务的,处五日以上十日以下拘留,并处二百元以上五百元以下罚款。情节较轻的,处五日以下拘留或者五百元以下罚款。

65 对煽动民族仇恨、民族歧视,刊载民族歧视、侮辱内容的行为如何处罚?

按照《治安管理处罚法》的规定,煽动民族仇恨、民族歧视,或者在出版物、计算机信息网络中刊载民族歧视、侮辱内容的,处十日以上十五日以下拘留,可以并处一千元以下罚款。这些违法行为的性质和特征表现如下:

(一)煽动民族仇恨、民族歧视的行为。具体包括:(1)行为人实施了煽动各民族之间的仇恨,宣扬民族歧视的行为。民族仇恨是指基于民族的来源、历史、风俗习惯等的不同而产生的民族间的相互敌对、仇视的状况。民族歧视是指基于民族的来源、历史、风俗习惯等的不同而产生的民族间的相互排斥、限制,损害民族平等地位的状况。(2)行为人必须是故意的。即行为人明知自己的行为会在不同民族之间制造民族仇恨、民族歧视,破坏我国民族之间的平等、团结、互助关系,而希望或者放任造成民族之间相互仇恨、歧视结果的发生,从而实施其煽动行为。

(二)在出版物、计算机信息网络中刊载民族歧视、侮辱内容的行为。该种违法行为表现为：(1)行为人必须在出版物、计算机信息网络中刊载民族歧视、侮辱的内容。出版物主要是指报纸、期刊、图书、音像制品和电子出版物等。计算机信息网络主要包括专用网和互联网。互联网是指直接进行国际联网的信息网络。刊载包括发表、制作、转载等。(2)刊载的必须是民族歧视、侮辱的内容。民族歧视、侮辱的内容是指针对民族的来源、历史、风俗习惯等进行贬低、诬蔑、嘲讽、辱骂以及其他歧视、侮辱的行为。(3)必须是故意实施的行为。即行为人明知在出版物、计算机信息网络中刊载民族歧视、侮辱的内容，会发生危害社会的后果，却希望或者放任这种结果的发生。

《治安管理处罚法》第四十七条：煽动民族仇恨、民族歧视，或者在出版物、计算机信息网络中刊载民族歧视、侮辱内容的，处十日以上十五日以下拘留，可以并处一千元以下罚款。

66 对盗窃、诈骗、哄抢、抢夺、敲诈勒索、故意损毁公私财物的行为如何处罚？

按照《治安管理处罚法》的规定，对于盗窃、诈骗、哄抢、抢夺、敲诈勒索或者故意损毁公私财物的行为，处五日以上十日以下拘留，可以并处五百元以下罚款。情节较重的，处十日以上十五日以下拘留，可以并处一千元以下罚款。对这些违法行为的性质和特征解读如下：

(一)盗窃是指以非法占有为目的，秘密窃取公私财物的行为。其特征包括：(1)行为人具有非法占有公私财物的目的。如果没有非法占有公私财物的目的，而是误将他人财物视为自己的而占用，或者知道是他人财物用后立即归还的，均不属于盗窃行为。(2)行为人实施了秘密窃取的行为。即行为人采用不易被财物所有人、保管人或者其他人发现的方法,将公私财物非法占有的行为。(3)行为侵犯的对象是公私财物。公私财物既包括有形财产,也包括电力、煤气、天然气等无形财产。

(二)诈骗。即行为人以非法占有为目的,用虚构事实或者隐瞒真相的方法,骗得公私财物的行为。所谓"虚构事实",就是指捏造不存在的事实,骗取被侵害人的信任。虚构事实可以是部分虚构,也可以是全部虚构。隐瞒真相是指对财物所有人、管理人掩盖客观存在的某种事实,以此哄骗其交出财物。

(三)哄抢。其表现形式为:主观上,行为人明知是国家、集体、公民所有的财物,出于非法占有的目的,一哄而上,乘乱或者乘危急抢走公私财物。客观上,一是参加哄抢的人数较多;二是行为人实施了采取哄闹、滋扰或者其他手段,公然夺取公私财物的行为。

(四)抢夺。即行为人以非法占有为目的,公然夺取公私财物的行为。其特征为:(1)行为人必须是故意的,以非法占有公私财物为目的。行为人不是以非法占有财物为目的,而是为了戏弄他人夺取他人财物的行为,则不属于抢夺行为。(2)行为人实施了乘人不备,公然夺取他人财物的行为。

(五)敲诈勒索。即行为人以非法占有为目的,对公私财物的所有人、保管人使用威胁或者要挟的方法,勒索公私财物的行为。其特征包括:(1)行为人必须使用威胁或者要挟的方法勒索财物。威胁或者要挟,是指通过对公私财物所有人、保管人及其亲属实行精神上的强制,使其在心理上产生恐惧或者压力,不得已而交出财物。(2)行为人必须具有非法占有他人财物的目的,如果行为人为讨债而威胁债务人的,则不能认定为敲诈勒索。

(六)故意损毁公私财物。即行为人非法毁灭或者损坏公共财物或者公民私人所有财物的行为。其构成要件有:(1)行为人必须是故意的,即具有损毁公私财物的目的。(2)行为人实施了故意损毁公私财物的行为。即指使物品部分丧失价值和使用价值,或者用焚烧、摔砸等方法使物品全部丧失价值和使用价值。(3)行为侵犯的是公私财物所有权关系，侵犯对象是公私财物。

《治安管理处罚法》第四十九条：盗窃、诈骗、哄抢、抢夺、敲诈勒索或者故意损毁公私财物的，处五日以上十日以下拘留，可以并处五百元以下罚款。情节较重的，处十日以上十五日以下拘留，可以并处一千元以下罚款。

67 对拒不执行政府在紧急状态情况下依法发布的决定、命令的和阻碍执行公务的行为如何处罚？

按照《治安管理处罚法》的规定，对拒不执行人民政府在紧急状态情况下依法发布的决定、命令的和阻碍执行公务的行为，处警告或者二百元以下罚款。情节严重的，处五日以上十日以下拘留，可以并处五百元以下罚款。这种违法行为的具体表现如下：

（一）拒不执行人民政府在紧急状态情况下依法发布的决定、命令。这种违法行为的特征表现为：(1)行为人采取了拒不执行的行为方式。即在紧急状态情况下，明知人民政府依法发布的决定、命令的内容，而执意不履行其法定义务的行为。(2)拒不执行的对象是人民政府在紧急状态情况下依法发布的决定、命令。紧急状态是指危及国家和社会正常的法律秩序、对广大人民群众的生命和财产安全构成严重威胁的、正在发生的或者迫在眉睫的危险事态。

（二）阻碍国家机关工作人员依法执行职务。该行为的构成要件包括：(1)实施了阻碍行为。即行为人以各种方法和手段实施的阻挠、妨碍行为。(2)阻碍行为的对象必须是国家机关工作人员。国家机关工作人员是指中央及地方各级权力机关、党政机关、司法机关和军事机关以及在依照法律、法规规定行使国家行政管理职权的组织中从事公务的人员，或者在受国家机关委托代表国家机关行使职权的组织中从事公务的人员,或者虽未列入国家机关人员编制但在国家机关中从事公务的人员。(3)必须是依法执行职务的行为。即国家机关工作人员依照法律、法规规定所进行的职务行为。

(三)阻碍执行紧急任务的消防车、救护车、工程抢险车、警车等车辆通行。这种违法行为的特征表现为:(1)实施了阻碍车辆通行的行为。即行为人以各种方法和手段实施的阻挠、妨碍车辆通行的行为。(2)阻碍车辆通行的对象是消防车、救护车、工程抢险车、警车等车辆。(3)这些特定的车辆执行的是紧急任务。

(四)强行冲闯公安机关设置的警戒带、警戒区。这种违法行为的特征表现为:(1)实施了强行冲闯的行为。即行为人明知道路上设置了警戒带、警戒区,不准非执行任务的车辆通行,却不听劝阻,强行通过。(2)冲闯行为的对象是由公安机关设置的警戒带、警戒区。警戒带是指公安机关按照规定装备,用于依法履行职责在特定场所设置进入范围的专用标志物。警戒区是指公安机关按照规定,在一些特定地方,划定一定的区域限定部分人员出入的地区。

《治安管理处罚法》第五十条:有下列行为之一的,处警告或者二百元以下罚款。情节严重的,处五日以上十日以下拘留,可以并处五百元以下罚款:

(一)拒不执行人民政府在紧急状态情况下依法发布的决定、命令的;

(二)阻碍国家机关工作人员依法执行职务的;

(三)阻碍执行紧急任务的消防车、救护车、工程抢险车、警车等车辆通行的;

(四)强行冲闯公安机关设置的警戒带、警戒区的。

阻碍人民警察依法执行职务的,从重处罚。

68 对煽动、策划非法集会、游行、示威的行为如何处罚?

按照《治安管理处罚法》的规定,对煽动、策划非法集会、游行、示威的行为,不听劝阻的,处十日以上十五日以下拘留。具体表现形式阐释如下:

(一)违法行为的主体是非法集会、游行、示威煽动者、策划者。

(二)违法行为的对象是非法集会、游行、示威活动。集会是指聚集于露天公共场所,发表意见、表达意愿的活动。游行是指在公共道路、露天公共场所列队行进、表达共同意愿的活动。示威是指在露天公共场所或者公共道路上以集会、游行、静坐等方式,表达要求、抗议或者支持、声援等共同意愿的活动。对公民这些民主权利的行使,法律、行政法规等都作了明确的规定,违反规定的就应当受到行政法律制裁。

(三)不听劝阻的。即行为人实施非法集会、游行、示威活动后,经过公安机关依法劝说和阻拦,行为人执迷不悟,执意实施这些违法行为。

《治安管理处罚法》第五十五条:煽动、策划非法集会、游行、示威,不听劝阻的,处十日以上十五日以下拘留。

69 对卖淫、嫖娼以及在公共场所拉客招嫖的行为如何处罚?

按照《治安管理处罚法》的规定,对卖淫、嫖娼以及在公共场所拉客招嫖的行为,处十日以上十五日以下拘留,可以并处五千元以下罚款。情节较轻的,处五日以下拘留或者五百元以下罚款。在公共场所拉客招嫖的,处五日以下拘留或者五百元以下罚款。对于这种违法行为,可以从以下两方面加以理解:

(一)卖淫、嫖娼违法行为。即行为人以牟利为目的,通过出卖自身肉体与他人进行金钱交易的行为。嫖娼则是指通过金钱与从事卖淫的人进行交易的行为,即用付出金钱的方式换取与卖淫人员进行性活动的行为。按照法律规定,对这两种违法行为都应当给予治安处罚,即处十日以上十五日以下拘留,可以并处五千元以下罚款。情节较轻的,处五日以下拘留或者五百元以下罚款。

(二)在公共场所拉客招嫖行为。在街道、餐馆、娱乐场所等公共场所拉客招嫖,采用明显的动作,纠缠过往行人要求卖淫。一是拉客招嫖指卖淫人员必须有拉客招嫖的具体行为,如有公开拉扯他人、阻挡他人等行为,并有向他人要求卖淫的意图表示;二是拉客招嫖必须是卖淫人员自己招引嫖客的行为。另外,如果是介绍他人进行卖淫,对尚未构成犯罪的,同样需要给予五日以下拘留或者五百元以下罚款的治安处罚。

《治安管理处罚法》第六十六条:卖淫、嫖娼的,处十日以上十五日以下拘留,可以并处五千元以下罚款。情节较轻的,处五日以下拘留或者五百元以下罚款。在公共场所拉客招嫖的,处五日以下拘留或者五百元以下罚款。

70 对引诱、容留、介绍他人卖淫的行为如何处罚?

按照《治安管理处罚法》的规定,对引诱、容留、介绍他人卖淫的行为,处十日以上十五日以下拘留,可以并处五千元以下罚款。情节较轻的,处五日以下拘留或者五百元以下罚款。对这种违法行为的正确理解如下:

引诱他人卖淫是指行为人为了达到某种目的,以金钱诱惑或者通过宣扬腐朽生活方式等手段,诱使没有卖淫经历的人从事卖淫活动的行为。容留他人卖淫是指行为人故意为他人从事卖淫、嫖娼活动提供场所

的行为。容留既包括在自己所有、管理、使用、经营的或者临时租借的场所容留卖淫、嫖娼人员从事卖淫、嫖娼活动,也包括在流动场所,如在运输工具中容留他人卖淫、嫖娼。介绍他人卖淫是指为卖淫人员介绍嫖客,在他们之间牵线搭桥的行为,即民间所说的拉皮条。

《治安管理处罚法》第六十七条:引诱、容留、介绍他人卖淫的,处十日以上十五日以下拘留,可以并处五千元以下罚款。情节较轻的,处五日以下拘留或者五百元以下罚款。

71 对于赌博行为如何处罚?

按照《治安管理处罚法》的规定,对于各种赌博行为,轻者处五日以下拘留或者五百元以下罚款。如果违法情节较为严重,则处十日以上十五日以下拘留,并处五百元以上三千元以下罚款。具体内容阐释如下:

(一)以营利为目的,为赌博提供条件的行为。赌博是指以获取金钱或其他物质利益为目的,以投入一定赌资为条件进行的输赢活动。以营利为目的,为赌博提供条件是指行为人实施的为赌博提供条件的行为,目的是获得一定的经济利益。这里关键要正确认识赌博行为:(1)赌博行为多是以牟取利益或好处为目的,如果行为人只是出于娱乐消遣目的进行的游戏性质的活动,虽然带有少量财物的输赢,不能按赌博处理;(2)参与的人员是亲朋好友,目的是娱乐,则属纯粹的赌输赢活动。

(二)参与赌博赌资较大的行为。赌资是指专门用于赌博的款物,即金钱或财物。赌资较大是给予治安管理处罚的条件之一。对于赌资是以个人用于赌博的款物计算,还是以参与赌博的人用于赌博的款物总数计算,法律并没有作出具体规定,通常由公安机关在治安管理实践中具体把握。

法条链接

《治安管理处罚法》第七十条：以营利为目的，为赌博提供条件的，或者参与赌博赌资较大的，处五日以下拘留或者五百元以下罚款。情节严重的，处十日以上十五日以下拘留，并处五百元以上三千元以下罚款。

72 对饲养动物干扰他人正常生活和放任动物恐吓、伤害他人的行为如何处罚？

按照《治安管理处罚法》的规定，行为人饲养动物干扰他人正常生活和放任动物恐吓他人以及驱使动物伤害他人的违法行为，轻者，依法处以警告或者罚款；重者，依法处以拘留。具体内容阐释如下：

（一）饲养动物干扰他人正常生活的行为。即饲养猪、牛、羊等牲畜，猫、狗等宠物，鸡、鸭等家禽以及鸟等各种飞禽，干扰他人生活的情况。例如，在夜深人静或午休时，狗叫声影响他人或邻居正常休息。警告后不改正是指公安机关对其饲养动物干扰他人正常生活的行为进行警告后，仍然没有改正的情况。放任动物恐吓他人是指对自己饲养的动物向他人吠叫、袭击等使人惊吓的动作放任不管的行为。这些行为不仅直接侵害他人的休息或安宁的权利，还给公共安全带来一定的隐患，因此，依法应予治安处罚。

（二）驱使动物伤害他人的行为。即饲养动物或牵领动物的人，故意用声音、语言、眼神或动作暗示或指使动物对他人进行攻击的行为。从主观上分析，行为人具有一定的恶意，要么为了报复他人，故意驱使动物伤害他人；要么是出于好奇取乐。主观心态如何，不影响违法行为的成立。

《治安管理处罚法》第七十五条：饲养动物，干扰他人正常生活的，处

警告。警告后不改正的,或者放任动物恐吓他人的,处二百元以上五百元以下罚款。

驱使动物伤害他人的,依照本法第四十三条第一款的规定处罚。

73 行政处罚的听证程序有哪些要求?

《中华人民共和国行政处罚法》(以下简称《行政处罚法》)以及相关法规规章对于行政处罚听证程序作出如下基本要求:

(一)听证范围。执法单位拟作责令停产停业,吊销许可证或者执照,以及对公民个人处以一千元以上罚款,对个体工商户处以一万元以上罚款,对单位处三万元以上罚款的行政处罚决定之前,应当告知当事人有听证的权利;当事人要求听证的,应当按照本程序组织听证。

(二)听证主持者。原处罚机关中的非本案调查人员。听证主持人有下列情形之一的,应当回避:(1)是本案调查人员的;(2)是当事人、本案调查人员近亲属的;(3)与本案有直接利害关系的。

(三)听证参加人。当事人及其代理人、本案调查人员、证人、鉴定人、翻译人员。

(四)听证主持人应自受理当事人听证要求之日起两日内,确定举行听证的时间、地点和方式,并在听证举行的七日前,将听证通知书送达当事人。

(五)举行听证时,应按以下顺序进行:(1)主持人宣布听证开始;(2)调查人员提出当事人违法的事实、证据、处罚建议和理由;(3)调查人员向主持人举证,当事人对调查人员举出的证据进行质证;(4)当事人进行陈述和申辩。

《行政处罚法》第四十二条:行政机关作出责令停产停业、吊销许可证或者执照、较大数额罚款等行政处罚决定之前,应当告知当事人有要求举行听证的权利;当事人要求听证的,行政机关应当组织听证。当事

人不承担行政机关组织听证的费用。听证依照以下程序组织：

（一）当事人要求听证的，应当在行政机关告知后三日内提出；

（二）行政机关应当在听证的七日前，通知当事人举行听证的时间、地点；

（三）除涉及国家秘密、商业秘密或者个人隐私外，听证公开举行；

（四）听证由行政机关指定的非本案调查人员主持；当事人认为主持人与本案有直接利害关系的，有权申请回避；

（五）当事人可以亲自参加听证，也可以委托一至二人代理；

（六）举行听证时，调查人员提出当事人违法的事实、证据和行政处罚建议；当事人进行申辩和质证；

（七）听证应当制作笔录；笔录应当交当事人审核无误后签字或者盖章。

74 行政强制措施有哪些种类？

按照《中华人民共和国行政强制法》（以下简称《行政强制法》）的规定，行政强制的种类有以下五种：

（一）限制公民人身自由。除此之外，其他行政法律中有留置盘问、人身检查、强制传唤、拘留、禁闭、强制隔离、强行驱散等，常见的如保护性约束、立即拘留、强制扣留、强制搜查、强制隔离、强制治疗、现场管制、强行驱散等。

（二）查封场所、设施或者财物。其他行政法律法规还使用"封存""封闭""关闭使用场所"等。

（三）扣押财物。其他行政法律法规还使用"暂扣""扣留"等词。

（四）冻结存款、汇款。包括冻结股票等有价证券。

（五）其他行政强制措施。这是兜底性的法律规定，即除了前述四种行政强制措施，还有其他法律规定的强制措施，《行政强制法》没有逐一列举，例如，《中华人民共和国动物防疫法》规定的"隔离、扑杀、销毁、消毒、紧急免疫接种"等。

上述行政强制措施只能由法律、行政法规、地方性法规设定，其他规

范性文件不得设定,而且不同种类行政强制措施有不同的设定权限。如限制公民人身自由和冻结存款、汇款的强制措施只能由法律规定。

《行政强制法》第九条:行政强制措施的种类:
(一)限制公民人身自由;
(二)查封场所、设施或者财物;
(三)扣押财物;
(四)冻结存款、汇款;
(五)其他行政强制措施。

75 《行政强制法》规定的行政强制执行方式有哪些?

按照《行政强制法》的规定,行政强制执行的方式有以下几种:

(一)加处罚款或者滞纳金。这是一种间接性的强制执行方式,具有倒逼违法人员履行义务的积极功效。例如,《行政处罚法》规定,行政相对人到期不交罚款,每日按罚款数额的百分之三加处罚款。

(二)划拨存款、汇款。这是直接性的强制执行方式,即由法定的执行机关强制性地从被执行人的银行存款或者汇款中划走其应当缴纳的某种义务性资金。目前,行政机关划拨存款、汇款只适用于税收、社保费征收等少数领域。

(三)拍卖或者依法处理查封、扣押的场所、设施或者财物。即由法定机关(如法院等)对依法查封或扣押的动产、不动产进行变卖或控制,以实现行政执法目标。

(四)排除妨碍、恢复原状。即由法定机关强制性地消除影响公共或者他人利益的障碍,以恢复正常的生活、生产等秩序。

(五)代履行。即行政机关依法作出要求当事人履行排除妨碍、恢复原状等义务的行政决定,当事人逾期不履行,经催告仍不履行,其后果已经或者将危害交通安全、造成环境污染或者破坏自然资源的,行政机关可以代履行,或者委托没有利害关系的第三人代履行,费用除法律另有规定外一般由当事人承担。

(六)其他强制执行方式。这是兜底性的法律规定,例如《中华人民共和国兵役法》规定的强制履行兵役等。

《行政强制法》第十二条:行政强制执行的方式:
(一)加处罚款或者滞纳金;
(二)划拨存款、汇款;
(三)拍卖或者依法处理查封、扣押的场所、设施或者财物;
(四)排除妨碍、恢复原状;
(五)代履行;
(六)其他强制执行方式。

76 不服地方各级人民政府的具体行政行为的,向谁申请行政复议?

按照法律规定,对于县级以上地方各级人民政府作出的具体行政行为不服,只能向上一级地方人民政府申请行政复议,因为地方人民政府的工作是受同级人民代表大会和上一级国家行政机关监督的,上一级政府的工作部门同下一级人民政府没有领导关系,所以无权对下一级人民政府作出的具体行政行为进行复议。

如果对省、自治区人民政府依法设立的派出机关所属的县级人民政府的具体行政行为不服的,向该派出机关申请行政复议。根据一般规定,对县级人民政府的具体行政行为不服,应当向领导它的上一级人民政府即省、自治区、直辖市、设区的市、州的人民政府申请复议。但是,按照《中华人民共和国地方各级人民代表大会和地方各级人民政府组织法》第六十八条的规定,省、自治区的人民政府在必要的时候,经国务院批准,可以设立若干派出机关。这些派出机关(地区行政公署或者盟)在省、自治区的范围内设立,受省、自治区人民政府的委托,指导下级国家行政机关工作并负责办理各项事宜,它不是一级独立的国家机关,受派出它的机关的领导,同时又代表派出它的机关指导和管理下级行政机关完成行政管理任务。

《行政复议法》第十三条:对地方各级人民政府的具体行政行为不服的,向上一级地方人民政府申请行政复议。

对省、自治区人民政府依法设立的派出机关所属的县级地方人民政府的具体行政行为不服的,向该派出机关申请行政复议。

77 对县级以上地方各级政府工作部门作出的具体行政行为不服,向谁申请行政复议?

按照《行政复议法》的规定,对县级以上地方各级人民政府工作部门的具体行政行为不服的,由申请人选择,可以向该部门的本级人民政府申请行政复议,也可以向上一级主管部门申请行政复议。如果其他法律、法规关于行政复议管辖问题的规定与《行政复议法》的规定不一致的,服从《行政复议法》的规定。

如果对海关、金融、国税、外汇管理等实行垂直领导的行政机关和国家安全机关的具体行政行为不服的,向上一级主管部门申请行政复议,但是法律另有规定的除外。

《行政复议法》第十二条:对县级以上地方各级人民政府工作部门的

具体行政行为不服的,由申请人选择,可以向该部门的本级人民政府申请行政复议,也可以向上一级主管部门申请行政复议。

对海关、金融、国税、外汇管理等实行垂直领导的行政机关和国家安全机关的具体行政行为不服的,向上一级主管部门申请行政复议。

78 公民在哪些情况下应出示居民身份证证明自己身份?

公民应当出示居民身份证证明身份,是指公民在法定情形下必须出示居民身份证。按照《中华人民共和国居民身份证法》(以下简称《居民身份证法》)的规定,有下列情形之一的,公民应当出示居民身份证证明身份:

(一)常住户口登记项目变更。即依照有关户籍管理办法规定,对常住户口登记项目的一项或者几项内容进行变更。其中"常住户口登记项目"主要包括姓名、出生日期、常住户口所在地住址、户口类型、同住人口等。

(二)兵役登记。即依照兵役法规定所进行的兵役登记。《中华人民共和国兵役法》第十三条规定:"每年十二月三十一日以前年满十八周岁的男性公民,都应当在当年六月三十日以前,按照县、自治县、市、市辖区的兵役机关的安排,进行兵役登记。"

(三)婚姻登记、收养登记。即依照我国婚姻法、收养法规定所进行的婚姻登记、收养登记。《中华人民共和国婚姻法》第八条规定:"要求结婚的男女双方必须亲自到婚姻登记机关进行结婚登记。"《中华人民共和国收养法》第十五条规定:"收养应当向县级以上人民政府民政部门登记。"

(四)申请办理出境手续。即依照《中华人民共和国公民出境入境管理法》的规定,申请办理出境手续,主要是向国务院主管机关及其授权的机关申请办理有效护照或者其他有效证件。

(五)法律、行政法规规定的其他情形。

另外，对于未取得居民身份证的公民，使用符合国家规定的其他证明方式证明身份，例如出生证、户口本、军官证等。这里所说的未取得居民身份证的情形，包括公民未满十六周岁；没有依照本法规定申请领取居民身份证的；公民申领、换领、补领居民身份证，公安机关正在办理等。

《居民身份证法》第十四条：有下列情形之一的，公民应当出示居民身份证证明身份：

（一）常住户口登记项目变更；

（二）兵役登记；

（三）婚姻登记、收养登记；

（四）申请办理出境手续；

（五）法律、行政法规规定需要用居民身份证证明身份的其他情形。

依照本法规定未取得居民身份证的公民，从事前款规定的有关活动，可以使用符合国家规定的其他证明方式证明身份。

79 对生产、经营假、劣种子的行为如何给予行政处罚？

对生产、经营假、劣种子的行为如何给予行政处罚？

按照《中华人民共和国种子法》（以下简称《种子法》）第七十五条的规定，生产经营假种子的，由县级以上人民政府农业、林业主管部门责令停止生产经营，没收违法所得和种子，吊销种子生产经营许可证；违法生产经营的货值金额不足一万元的，并处一万元以上十万元以下罚款；货值金额一万元以上的，并处货值金额十倍以上二十倍以下罚款。

按照《种子法》第七十六条的规定，生产经营劣种子的，由县级以上人民政府农业、林业主管部门责令停止生产经营，没收违法所得和种子；违法生产经营的货值金额不足一万元的，并处五千元以上五万元以下罚款；货值金额一万元以上的，并处货值金额五倍以上十倍以下罚款；情节严重的，吊销种子生产经营许可证。

80 对种子生产、经营许可证方面的违法行为如何给予行政处罚？

按照《种子法》第七十七条的规定，如果有关单位或个人未取得种子生产经营许可证生产经营种子，或者以欺骗、贿赂等不正当手段取得种子生产经营许可证，或者未按照种子生产经营许可证的规定生产经营种子，或者伪造、变造、买卖、租借种子生产经营许可证的，由县级以上人民政府农业、林业主管部门责令改正，没收违法所得和种子；违法生产经营的货值金额不足一万元的，并处三千元以上三万元以下罚款；货值金额一万元以上的，并处货值金额三倍以上五倍以下罚款；可以吊销种子生产经营许可证。

81 对开垦、采石、采砂、采土、采种、采脂等活动致使森林、林木受到毁坏的行为如何给予行政处罚？

按照《中华人民共和国森林法》第四十四条的规定，违反本法规定，进行开垦、采石、采砂、采土、采种、采脂和其他活动，致使森林、林木受到毁坏的，依法赔偿损失；由林业主管部门责令停止违法行为，补种毁坏株数一倍以上三倍以下的树木，可以处毁坏林木价值一倍以上五倍以下的罚款。

在幼林地和特种用途林内砍柴、放牧致使森林、林木受到毁坏的，依法赔偿损失；由林业主管部门责令停止违法行为，补种毁坏株数一倍以上三倍以下的树木。拒不补种树木或者补种不符合国家有关规定的，由林业主管部门代为补种，所需费用由违法者支付。

82 对销售、推广未经审定或者鉴定的畜禽品种的行为如何给予行政处罚？

按照《中华人民共和国畜牧法》（以下简称《畜牧法》）第六十一条的

规定,违反本法有关规定,销售、推广未经审定或者鉴定的畜禽品种的,由县级以上人民政府畜牧兽医行政主管部门责令停止违法行为,没收畜禽和违法所得;违法所得在五万元以上的,并处违法所得一倍以上三倍以下罚款;没有违法所得或者违法所得不足五万元的,并处五千元以上五万元以下罚款。

83 对种畜禽生产经营许可证方面的违法行为如何给予行政处罚？

按照《畜牧法》第六十二条的规定,违反本法有关规定,无种畜禽生产经营许可证或者违反种畜禽生产经营许可证的规定生产经营种畜禽的,转让、租借种畜禽生产经营许可证的,由县级以上人民政府畜牧兽医行政主管部门责令停止违法行为,没收违法所得;违法所得在三万元以上的,并处违法所得一倍以上三倍以下罚款;没有违法所得或者违法所得不足三万元的,并处三千元以上三万元以下罚款。违反种畜禽生产经营许可证的规定生产经营种畜禽或者转让、租借种畜禽生产经营许可证,情节严重的,并处吊销种畜禽生产经营许可证。

84 农产品批发市场销售的农产品出现违法行为如何处罚？

按照《中华人民共和国农产品质量安全法》第五十条以及相关法规规章的规定,对农产品批发市场销售的农产品违法行为进行行政处罚分两种情况：

(一)农产品批发市场销售的农产品,其违法行为判定标准如果与农产品生产企业、农民专业合作经济组织违法销售的农产品所列情形一样,其处罚方式、罚款额度也一样。执法主体是工商行政管理部门,法律责任由农产品批发市场中的农产品销售者承担,而不是由农产品批发市场承担。但如果农产品批发市场作为农产品销售企业从事农产品的配送,其配送的农产品不符合质量安全标准的,法律责任应当由农产品批发市场承担。

(二)农产品批发市场未设立或者未委托农产品质量安全检测机构,对进场销售的农产品质量安全状况进行抽查检测;发现不符合农产品质量安全标准的,未要求销售者立即停止销售,或者未向农业行政主管部门报告的,县级以上人民政府农业行政主管部门都可以责令其改正,处二千元以上二万元以下罚款。执法主体是农业行政主管部门,法律责任是由农产品批发市场承担,而不是由农产品批发市场中的农产品销售者承担。

85 生产、销售未取得登记证的肥料产品如何给予行政处罚?

按照《肥料登记管理办法》第五条、第二十七条的规定,国家实行肥料产品登记管理制度,未经登记的肥料产品不得进口、生产、销售和使用,不得进行广告宣传。生产、销售未取得登记证的肥料产品的,由县级以上农业行政主管部门给予警告,并处违法所得三倍以下的罚款,但最高不得超过三万元;没有违法所得的,处一万元以下罚款。

需要说明的是,按照《肥料登记管理办法》第十四条的规定,对经农田长期使用,有国家或行业标准的下列产品免予登记:硫酸铵、尿素、硝酸铵、氰氨化钙、磷酸铵(磷酸一铵、二铵)、硝酸磷肥、过磷酸钙、氯化钾、硫酸钾、硝酸钾、氯化铵、碳酸氢铵、钙镁磷肥、磷酸二氢钾、单一微量元素肥、高浓度复合肥。

另外,农民自制自用的有机肥料按规定不用登记。

86 对生产、经营假农药、劣质农药的行为如何给予行政处罚?

按照《农药管理条例》第四十三条的规定,生产、经营假农药、劣质农药的,依照刑法关于生产、销售伪劣产品罪或者生产、销售伪劣农药罪的规定,依法追究刑事责任;尚不够刑事处罚的,由农业行政主管部门或者法律、行政法规规定的其他有关部门没收假农药、劣质农药和违法所得,并处违法所得一倍以上十倍以下的罚款;没有违法所得的,并处十万元以下的罚款;情节严重的,由农业行政主管部门吊销农药登记证或者农药临时登记证,由工业产品许可管理部门吊销农药生产许可证或者农药生产批准文件。

87 法律对生产饲料添加剂有哪些规定?

按照《饲料和饲料添加剂管理条例》第十六条至第二十一条的规定,饲料添加剂的生产者应当遵守的法律义务,可以概括为以下六个方面:

(一)饲料添加剂、添加剂预混合饲料生产企业取得生产许可证后,由省、自治区、直辖市人民政府饲料管理部门按照国务院农业行政主管部门的规定,核发相应的产品批准文号。

(二)饲料、饲料添加剂生产企业应当如实记录采购的饲料原料、单一饲料、饲料添加剂、药物饲料添加剂、添加剂预混合饲料和用于饲料添加剂生产的原料的名称、产地、数量、保质期、许可证明文件编号、质量检验信息、生产企业名称或者供货者名称及其联系方式、进货日期等。记录保存期限不得少于2年。

(三)对生产过程实施有效控制并实行生产记录和产品留样观察制度。

(四)饲料、饲料添加剂生产企业应当对生产的饲料、饲料添加剂进行产品质量检验;检验合格的,应当附具产品质量检验合格证。未经产品质量检验、检验不合格或者未附具产品质量检验合格证的,不得出厂销售。

(五)出厂销售的饲料、饲料添加剂应当包装,包装应当符合国家有关安全、卫生的规定。

(六)饲料、饲料添加剂的包装上应当附具标签。

88 我国刑法对犯罪的年龄是如何规定的？

犯罪的年龄又称为刑事责任年龄，即刑法所规定的行为人对自己实施刑法禁止的危害社会行为负刑事责任所必须达到的年龄。刑事责任年龄是判断犯罪是否成立以及追究刑事责任的主体要件。按照《中华人民共和国刑法》(以下简称《刑法》)的规定，有关犯罪和刑事责任年龄的规定如下：

(一)已满十六周岁的人犯罪，应当负刑事责任。已满十六周岁即为完全负刑事责任年龄。

(二)已满十四周岁不满十六周岁的人，犯故意杀人、故意伤害致人重伤或者死亡、强奸、抢劫、贩卖毒品、放火、爆炸、投放危险物质罪的，应当负刑事责任。已满十四周岁不满十六周岁即为相对负刑事责任年龄。十四周岁至十六周岁的人不犯上述之罪，不追究刑事责任。

(三)不满十四周岁的人，不管实施何种危害社会的行为，都不负刑事责任。不满十四周岁即为完全不负刑事责任年龄。

(四)已满十四周岁不满十八周岁的人犯罪，应当从轻或者减轻处罚。

(五)实施犯罪时的年龄,一律按照公历的年、月、日计算。过了周岁生日,从第二天起,为已满多少周岁。

(六)因不满十六周岁不予刑事处罚的,责令其家长或者监护人加以管教。

(七)审理未成年人刑事案件,对犯罪时的年龄没有查清,而又关系到应否追究刑事责任和判处何种刑罚的公诉案件,应当退回检察院补充侦查。

(八)犯罪的时候不满十八周岁的人和审判的时候怀孕的妇女,不适用死刑及死缓。

(九)已满七十五周岁的人故意犯罪的,可以从轻或减轻处罚;过失犯罪的,应当从轻或者减轻处罚。

(十)审判的时候已满七十五周岁的人,不适用死刑,但以特别残忍手段致人死亡的除外。

《刑法》第十七条:已满十六周岁的人犯罪,应当负刑事责任。

已满十四周岁不满十六周岁的人,犯故意杀人、故意伤害致人重伤或者死亡、强奸、抢劫、贩卖毒品、放火、爆炸、投毒罪的,应当负刑事责任。

已满十四周岁不满十八周岁的人犯罪,应当从轻或者减轻处罚。

因不满十六周岁不予刑事处罚的,责令他的家长或者监护人加以管教。

《刑法》第四十九条:犯罪的时候不满十八周岁的人和审判的时候怀孕的妇女,不适用死刑。

审判的时候已满七十五周岁的人,不适用死刑,但以特别残忍手段致人死亡的除外。

89 精神病人实施犯罪行为追究刑事责任吗?

不能一概而论。按照我国《刑法》的规定,精神病人的刑事责任分为三种情况,即完全的精神病人、间歇性的精神病人、尚未完全丧失辨认或者控制自己行为能力的精神病人。关于这三种情况的精神病人刑事责任的法律规定不一样。

(一)完全无刑事责任的精神病人。即不能辨认或者不能控制自己行为的精神病人,实施了《刑法》规定的危害行为,造成危害结果的,不负刑事责任。这是因为精神病人的危害行为,缺乏犯罪构成的主观要件,精神病人由于不具有辨别是非、判断善恶以及对自己行为的控制能力,他对自己的行为,就谈不上故意或过失,没有主观上的罪过。同时,对犯罪人判处刑罚,也是为了对其进行教育改造,而对于精神病人来说,这也没有实际意义。

确定行为人是不是完全的精神病人,必须经过法定程序鉴定,即经过医学鉴定确认其危害结果是在行为人不能辨认或者不能控制自己行为的时候发生的。按照《中华人民共和国刑事诉讼法》(以下简称《刑事诉讼法》)的规定,对于精神病人的医学鉴定,由省级人民政府指定的医院进行,鉴定人进行鉴定后,应当写出鉴定结论,并且由鉴定人签名,医院加盖公章。并规定,鉴定人故意作虚假鉴定的,应当承担法律责任。对于经法定程序鉴定属于完全不能辨认或者不能控制自己行为的精神病人不负刑事责任的,《刑法》规定应当责令他的家属或者监护人严加看管和医疗,在必要的时候,由政府强制治疗。

(二)完全负刑事责任的精神病人。间歇性的精神病人是指一个人的精神并非一直处于错乱状态而完全丧失辨认或者不能控制自己行为能力的精神病人。其特点是:精神时而正常,时而不正常,在精神正常的情况下,头脑是清醒的,具有辨认或者控制自己行为的能力,在发病的时候,就丧失了辨认是非和控制自己行为的能力,即其精神病是处于间断性发作的状态。对此,《刑法》规定,间歇性的精神病人在精神正常的时候实施了《刑法》规定的犯罪行为,造成危害结果的,应当负刑事责任,因为这时他具有与正常人同样的行为能力;而在其发病期间丧失辨认是非和控制自己行为能力的时候实施了《刑法》规定的犯罪行为,造成危害结果的,不负刑事责任。判断一个人是否属于间歇性的精神病人,需要按照法定程序进行鉴定。

(三)限制刑事责任的精神病人。即尚未完全丧失辨认或者控制自己行为能力的精神病人。这种精神病人由于患有精神疾病,致使辨认或者控制自己行为的能力明显减弱。他们既不是无刑事责任能力人,也不是完全刑事责任能力人,而是限制刑事责任能力人,他们在实施危害社会的行为时,仍然具有一定的辨认或者控制自己行为的能力,应当承担刑事责任。为此,《刑法》规定,尚未完全丧失辨认或者控制自己行为能力的精神病人犯罪的,应当负刑事责任,但是可以从轻或者减轻处罚。

《刑法》第十八条:精神病人在不能辨认或者不能控制自己行为的时候造成危害结果,经法定程序鉴定确认的,不负刑事责任,但是应当责令他的家属或者监护人严加看管和医疗;在必要的时候,由政府强制医疗。

间歇性的精神病人在精神正常的时候犯罪,应当负刑事责任。

尚未完全丧失辨认或者控制自己行为能力的精神病人犯罪的,应当负刑事责任,但是可以从轻或者减轻处罚。……

90 醉酒的人实施犯罪行为是否承担刑事责任?

醉酒分为生理性醉酒和病理性醉酒。由于病理性醉酒属于精神病范畴,这里不作介绍。所谓"生理性醉酒",即饮酒过量,导致酒精中毒出现精神失常的情况。在醉酒状态下,行为人在某种程度上可能减弱判断力和控制自己行为的能力,但并不会丧失辨认和控制自己行为的能力。而且醉酒的人对自己行为控制能力的减弱是人为的,是醉酒前应当预见并可以得到控制的。所以,醉酒的人不属于无责任能力的人。《刑法》规定醉酒的人犯罪,应当负刑事责任,对于预防犯罪,控制酗酒是有积极意义的。

《刑法》第十八条：……醉酒的人犯罪，应当负刑事责任。

91 又聋又哑的人或者盲人犯罪承担刑事责任吗？

又聋又哑的人，也称聋哑人，是指丧失听觉能力和口头语言能力的人。盲人是指丧失视觉能力的人。按照我国《刑法》的规定，又聋又哑的人或者盲人犯罪，是要负刑事责任的，但是可以从轻、减轻或者免除处罚。法律之所以这样规定，主要是考虑又聋又哑的人或者盲人虽然存在生理上的缺陷，但其精神或智力是健全的，尤其是在现代科学技术高速发展的今天，根据他们的经济条件和所处环境的不同，有的可能受到一定程度的教育，有的可能受到良好的教育，并不会因为身体残疾而完全丧失辨认是非和控制自己行为的能力，因此，又聋又哑的人或者盲人犯罪，应当与正常人一样负刑事责任。但是，考虑盲人或者聋哑人毕竟有生理缺陷，生理上的障碍不仅会使他们在生活中遇到许多困难，也会给他们接受教育带来不便，影响对事物的理解和对是非的判断，所以，对他们的处罚可以轻于正常人。但由于具有上述生理缺陷的人实施犯罪的情节、造成危害结果的严重程度，以及行为人具有的生理缺陷等具体情况不同，处罚的轻重程度也应不同，因此，《刑法》规定对"又聋又哑的人或者盲人犯罪，可以从轻、减轻或者免除处罚"。这里应当注意的是，《刑法》规定"可以"从轻、减轻或者免除处罚，而不是"应当"，即必须根据行为人的犯罪行为和其他具体情况，决定是否从轻、减轻或者免除处罚。

《刑法》第十九条：又聋又哑的人或者盲人犯罪，可以从轻、减轻或者免除处罚。

92 法律对未成年人犯罪的刑事责任有何特殊规定?

综合我国《刑法》的规定,未成年人犯罪的刑事责任有以下几方面的特殊性规定:

(一)从宽处罚。按照《刑法》的规定,已满十四周岁不满十八周岁的人犯罪,应当从轻或者减轻处罚。从轻处罚,是指在法定刑的限定内判处较轻的刑罚。减轻处罚是低于法定刑判处刑罚。这一处罚原则的规定主要是基于未成年犯罪人的责任能力不完备的特点而确立的,体现了罪责刑相适应原则和刑罚目的的基本要求。

(二)不适用死刑。按照《刑法》的规定,犯罪时不满十八周岁的人不适用死刑,包括死刑立即执行和判处死刑缓期两年执行。另外,不适用死刑也不是说等到未成年罪犯到了十八周岁再对其判处死刑。

(三)不成立累犯。累犯是指由于故意犯罪曾受过一定的刑罚处罚的,在其刑罚执行完毕或被赦免以后,在法定期限(五年)内又故意犯一定之罪的罪犯。一般而言累犯者所犯罪行受到的刑罚会比一般犯罪要重。按照《刑法》的规定,对于累犯应当从重处罚。按照《中华人民共和国刑法修正案(八)》(以下简称《刑法修正案(八)》)的规定,不满十八周岁的人不按照累犯处理。

(四)从宽适用缓刑。缓刑是指对犯罪人判处刑罚,但在一定时间内暂缓执行刑罚的制度。缓刑的基本特点是:判处刑罚,同时宣告暂缓执行,但又在一定期限内保持执行的可能性。按照《刑法修正案(八)》的规定,对于被判处拘役、三年以下有期徒刑的犯罪分子,如果犯罪情节较轻、有悔罪表现、没有再犯罪的危险、宣告缓刑对所居住社区没有重大不良影响,并且不满十八周岁的人,应当宣告缓刑。

(五)免除前科报告义务。按照《刑法》的规定,依法受过刑事处罚的人,在入伍、就业的时候,应当如实向有关单位报告自己曾受过刑事处罚,不得隐瞒。这就是所谓的前科报告制度。但是按照《刑法修正案

（八）》的规定，犯罪的时候不满十八周岁被判处五年有期徒刑以下刑罚的人，免除前款规定的报告义务。

《刑法》第十七条：……已满十四周岁不满十八周岁的人犯罪，应当从轻或者减轻处罚。……

《刑法》第四十九条：犯罪的时候不满十八周岁的人和审判的时候怀孕的妇女，不适用死刑。

《刑法修正案（八）》第六条：……累犯，应当从重处罚，但是过失犯罪和不满十八周岁的人犯罪的除外。

《刑法修正案（八）》第十一条：对于被判处拘役、三年以下有期徒刑的犯罪分子，同时符合下列条件的，可以宣告缓刑，对其中不满十八周岁的人、怀孕的妇女和已满七十五周岁的人，应当宣告缓刑：……

《刑法修正案（八）》第十九条：犯罪的时候不满十八周岁被判处五年有期徒刑以下刑罚的人，免除前款规定的报告义务。

93 法律对老年人犯罪的刑事责任有何特殊规定？

综合我国《刑法》的规定，对于七十五周岁以上的老年人犯罪的刑事责任有以下几方面的特殊性规定：

（一）从宽处罚。在量刑标准上，按照《刑法》的规定，已满七十五周岁的人故意犯罪的，可以从轻或者减轻处罚；过失犯罪的，应当从轻或者减轻处罚。故意犯罪是指行为人在故意的心理状态下实施的犯罪，是犯罪构成要件中主观方面的一种心理状态。这里所说的故意既包括直接故意，也包括间接故意。过失是指行为人在过失的心理状态支配之下实施的、根据《刑法》的规定已经构成犯罪的行为。这里的过失包括疏忽大意的过失和过于自信的过失。

（二）原则上不适用死刑。即对于七十五周岁以上的老年人犯罪，审判的时候已满七十五周岁的人，不适用死刑，但以特别残忍手段致人死亡的除外。这里所说的"特别残忍手段",是指故意要造成严重残疾而采用毁容、挖人眼睛、砍掉双脚等特别残忍的手段伤害他人的行为。例如,将被害人伤害后又故意砍下被害人手脚或者伤害脚筋的;挖人眼睛致人失明的;割人耳鼻或刻骸骨的;持枪射击被害人生殖部位的;长时间暴力伤害折磨的;以爆炸、放火、驾驶机动车等危险方式或冷冻、火烧等极其残忍的方法实施伤害等。

(三)从宽适用缓刑。按照《刑法修正案(八)》的规定,对于被判处拘役、三年以下有期徒刑的犯罪分子,同时符合下列条件的,可以宣告缓刑,对其中不满十八周岁的人、怀孕的妇女和已满七十五周岁的人,应当宣告缓刑:(1)犯罪情节较轻;(2)有悔罪表现;(3)没有再犯罪的危险;(4)宣告缓刑对所居住社区没有重大不良影响。

《刑法修正案(八)》第三条:审判的时候已满七十五周岁的人,不适用死刑,但以特别残忍手段致人死亡的除外。

《刑法修正案(八)》第十一条:对于被判处拘役、三年以下有期徒刑的犯罪分子,同时符合下列条件的,可以宣告缓刑,对其中不满十八周岁的人、怀孕的妇女和已满七十五周岁的人,应当宣告缓刑:……

94 法律对审判时怀孕的妇女的刑事责任有哪些特殊规定?

综合我国《刑法》的规定,对审判时怀孕的妇女的刑事责任有以下几方面的特殊性规定:

(一)不适用死刑。《刑法》规定,审判的时候怀孕的妇女,不适用死刑。这一规定体现了对孕妇的特殊保护。审判的时候怀孕的妇女既包括在法院审判时怀孕的妇女,也包括审判前在羁押受审时怀孕的妇女。在被羁押或受审期间,无论其怀孕是否违反国家计划生育政策,也不论其是否自然流产或者人工流产,以及流产后移送起诉或审判期间的长短,仍应视同审判时怀孕的妇女。

(二)从宽适用缓刑。按照《刑法修正案(八)》的规定,对于被判处拘役、三年以下有期徒刑的犯罪分子,同时符合下列条件的,可以宣告缓刑,对怀孕的妇女,应当宣告缓刑:(1)犯罪情节较轻;(2)有悔罪表现;(3)没有再犯罪的危险;(4)宣告缓刑对所居住社区没有重大不良影响。

《刑法》第四十九条:犯罪的时候不满十八周岁的人和审判的时候怀孕的妇女,不适用死刑。

《刑法修正案(八)》第十一条:对于被判处拘役、三年以下有期徒刑的犯罪分子,同时符合下列条件的,可以宣告缓刑,对其中不满十八周岁的人、怀孕的妇女和已满七十五周岁的人,应当宣告缓刑:……

95 什么是正当防卫,正当防卫具有哪些条件才不承担刑事责任?

正当防卫是指为了使国家、公共利益、本人或者他人的人身、财产和其他权利免受正在进行的不法侵害,而采取的制止不法侵害的行为,对不法侵害人造成损害而不负刑事责任的情形。正当防卫的成立必须具备以下几方面的条件:

(一)须有不法侵害行为,且不法侵害必须是实际存在的,这是正当防卫的起因条件。

(二)不法侵害必须正在进行,这是正当防卫成立的时间条件。

(三)防卫行为必须针对不法侵害人本人实行,这是正当防卫成立的对象条件。

(四)必须是为了使国家、公共利益、本人或者他人的人身、财产和其他权利免受正在进行的不法侵害才能施以正当防卫,这是正当防卫成立的主观条件。

(五)防卫不能明显超过必要限度造成重大损害,这是正当防卫成立的限度条件。

《刑法》第二十条：为了使国家、公共利益、本人或者他人的人身、财产和其他权利免受正在进行的不法侵害，而采取的制止不法侵害的行为，对不法侵害人造成损害的，属于正当防卫，不负刑事责任。

正当防卫明显超过必要限度造成重大损害的，应当负刑事责任，但是应当减轻或者免除处罚。

对正在进行行凶、杀人、抢劫、强奸、绑架以及其他严重危及人身安全的暴力犯罪，采取防卫行为，造成不法侵害人伤亡的，不属于防卫过当，不负刑事责任。

96 什么是紧急避险，紧急避险具有哪些条件才不承担刑事责任？

紧急避险是指为了使国家、公共利益、本人或者他人的人身、财产和其他权利免受正在发生的危险，不得已采取的紧急避险行为，造成损害而不负刑事责任的情形。紧急避险必须具有以下条件才不承担刑事责任：

（一）必须存在紧急危险。如果自然人的行为构成紧急危险，必须是违法行为。

（二）危险必须是正在发生。对尚未发生的危险、已经结束的危险，以及假想的危险或者推测的危险，都不能采取紧急避险行为。

（三）所采取的行为应当是避免危险所必需的。

（四）所保全的必须是法律所保护的权利。

（五）不可超过必要限度。就是说，所损害的利益应当小于所保全的利益，紧急避险才不负法律责任。在职务上、业务上负有特定责任的人，不得在发生与其特定责任有关的危险时实行紧急避险。

（六）不适用于职务上、业务上负有特定责任的人。即担任的职务或者从事的业务要求其对一定的危险负有排除的职责，同一定危险作斗争是其职业义务。如负有追捕持枪罪犯的公安人员，不能为了自己免受枪击而逃离现场;民航驾驶员不能因飞机发生故障有坠机危险,而不顾乘客的安危自己跳伞逃生等。

《刑法》第二十一条:为了使国家、公共利益、本人或者他人的人身、财产和其他权利免受正在发生的危险,不得已采取的紧急避险行为,造成损害的,不负刑事责任。

紧急避险超过必要限度造成不应有的损害的,应当负刑事责任,但是应当减轻或者免除处罚。

第一款中关于避免本人危险的规定,不适用于职务上、业务上负有特定责任的人。

97 什么是犯罪预备,如何进行处罚?

犯罪预备是为实施犯罪准备工具、制造条件的行为。犯罪预备的构成要件或者特征包括以下几方面:

(一)行为人主观上具有犯罪的故意。即犯罪预备的目的,是为了顺利地进行犯罪活动,实现犯罪意图,体现了预备犯的主观恶性,形成了对预备犯追究刑事责任的主观依据。

(二)犯罪预备是为实行犯罪准备工具、制造条件的行为。准备工具是指准备为实施犯罪所必需的作案工具和其他物品。准备包括收集、购买、制造,以及非法获取等活动。制造条件是指除准备作案工具和其他物品以外的其他为顺利进行犯罪活动,达到犯罪目的而创造条件的行为。从准备工具对实施犯罪所起的作用来看,准备作案工具也是为实施犯罪制造条件。

由于准备工具、制造条件等准备犯罪的行为是具有社会危害性的行为,因此,对预备犯,应当追究其刑事责任。由于预备犯仅处于犯罪的预备阶段,犯罪结果尚未发生,其社会危害程度要小于既遂犯,为了体现罪

责刑相适应原则,对预备犯的处罚要轻于既遂犯。按照《刑法》的规定,对预备犯,可以比照既遂犯从轻、减轻处罚或者免除处罚。

在认定犯罪预备行为时,应当注意划清犯罪预备与犯罪未遂的界限。二者的主要区别是:犯罪预备发生在行为人着手实行犯罪行为之前;而犯罪未遂发生在着手实施犯罪行为之后,即行为人已经着手实施犯罪,但因其意志以外的原因而没有达到犯罪目的。犯罪未遂的危害性要大于前者,因此,处罚相对较重。

《刑法》第二十二条:为了犯罪,准备工具、制造条件的,是犯罪预备。对于预备犯,可以比照既遂犯从轻、减轻处罚或者免除处罚。

98 什么是犯罪未遂,如何进行处罚?

犯罪未遂是指已经着手实行犯罪,由于犯罪分子意志以外的原因而未得逞的情形。犯罪未遂的构成要件或者特征如下:

(一)犯罪分子已经着手实行犯罪。这是同犯罪预备相区别的主要标志。已经着手实行犯罪,表明行为人已经从犯罪预备阶段进入实行阶段,即行为人从为实施犯罪创造条件进入开始完成犯罪故意的阶段,其犯罪意图已经通过着手实行的犯罪行为体现出来。

(二)犯罪未得逞。即犯罪分子没有实现本法分则规定的具体犯罪构成的客观要件。这是犯罪未遂与犯罪既遂相区别的主要标志。以犯罪既遂为目标,犯罪未得逞具体包括三种情形:(1)犯罪既遂要求有犯罪分子所追求的损害结果发生,但并未出现这种结果,如故意杀人未遂;(2)犯罪既遂要求犯罪行为在客观上造成发生某种危害结果的危险状态,但客观上并未出现这种危险状态;(3)犯罪既遂不要求发生实际损害结果,只要完成了法定的犯罪行为,但危害行为并未实施完毕。

(三)犯罪未得逞是由于犯罪分子意志以外的原因。这是犯罪未遂与犯罪中止相区别的主要标志。犯罪分子意志以外的原因是指不以犯罪分子的主观意志为转移的一切原因。它既包括外界的客观原因,如被害人的反抗、第三人的阻止、客观情况的变化等;也包括犯罪分子本人的原因,如对自己实施犯罪的能力、方法、手段估计不足,对事实判断错误等。犯罪未得逞是违背犯罪分子意志的;如果是犯罪分子自动放弃继续犯罪,或者自动有效地防止犯罪结果的发生,属于自动中止,而不是犯罪未遂。

由于犯罪未遂的结果是犯罪未得逞,其社会危害性要小于犯罪既遂,因此,《刑法》规定对未遂犯,可以比照既遂犯从轻或者减轻处罚。

《刑法》第二十三条:已经着手实行犯罪,由于犯罪分子意志以外的原因而未得逞的,是犯罪未遂。

对于未遂犯,可以比照既遂犯从轻或者减轻处罚。

99 什么是犯罪中止,如何进行处罚?

犯罪中止是指在犯罪过程中,行为人自动放弃犯罪或者自动有效地防止犯罪结果发生的犯罪停止形态。犯罪中止的构成条件或特征包括以下几方面:

(一)犯罪中止发生在犯罪过程中。犯罪过程中是指犯罪既遂之前的整个犯罪过程中。犯罪中止是故意犯罪发展过程中的一种犯罪形态,它可能发生在犯罪的预备阶段,也可能发生在犯罪的实行阶段。

(二)犯罪中止必须是犯罪分子自动放弃犯罪或者自动有效地防止犯罪结果的发生。自动放弃犯罪是指犯罪分子在着手实行犯罪之前,主动放弃犯罪意图和为犯罪创造条件,停止着手实施犯罪;或者在着手实施犯罪之后,犯罪结果发生之前,主动放弃继续犯罪,中止犯罪行为。而自动有效地防止犯罪结果的发生则是指犯罪人在已经着手实施犯罪之

后,犯罪结果发生之前,主动放弃继续犯罪,并主动采取积极措施防止了犯罪结果的发生。例如,投毒杀人,在受害人中毒身亡之前,行为人突然后悔并将受害人积极送往医院抢救,从而挽救了受害人的生命。但是如果犯罪人虽然采取了积极措施,但是没有避免被害人死亡的结果,则不能认定为犯罪中止。

由于犯罪中止避免了犯罪结果的发生,减轻了其犯罪行为的社会危害性,因此,《刑法》规定,对于中止犯,没有造成损害的,应当免除处罚;造成损害的,应当减轻处罚。这一规定也体现了《刑法》的罪责刑相一致原则。

《刑法》第二十四条:在犯罪过程中,自动放弃犯罪或者自动有效地防止犯罪结果发生的,是犯罪中止。

对于中止犯,没有造成损害的,应当免除处罚;造成损害的,应当减轻处罚。

100 什么是共同犯罪,如何进行处罚?

共同犯罪是指两人以上共同故意犯罪。共同犯罪的构成要件或者特征包括以下几方面:

(一)共同犯罪的犯罪主体必须是两人以上。首先,共同犯罪必须是两人以上共同实施犯罪,一个人单独犯罪不存在共同犯罪问题。其次,两人以上必须达到刑事责任年龄和具备刑事责任能力。如果两人中的一个未达到刑事责任年龄或者不具备刑事责任能力,也不构成共同犯罪。

(二)共同犯罪必须是共同故意犯罪。即几个犯罪人都明知自己的行为会发生危害社会的结果,并希望或者放任这种结果的发生,而且这几个犯罪人相互明知,或者几个犯罪人都认识到自己和其他行为人在共同进行某一犯罪活动,即相互之间存在同谋或者合意。

（三）几个犯罪人必须有共同的犯罪行为。所谓"共同的犯罪行为"，是指各个犯罪人的犯罪行为具有共同性。即犯罪人各自的犯罪行为都是在他们的共同故意支配下，围绕共同的犯罪对象，实现共同的犯罪目的而实施的；各个共同犯罪人所实施的犯罪行为都同危害结果具有因果关系，是完成统一犯罪活动不可缺少的组成部分。

（四）共同犯罪具有共同的犯罪客体。即共同犯罪人的犯罪行为必须指向同一犯罪客体，这是共同犯罪的成立必须有共同的犯罪故意和共同的犯罪行为的必然要求。

对于共同犯罪的，应当根据每一个共同犯罪人在犯罪中所起的作用和所处的位置按照罪责刑相一致原则给予刑罚处罚。

《刑法》第二十五条：共同犯罪是指二人以上共同故意犯罪。

二人以上共同过失犯罪，不以共同犯罪论处；应当负刑事责任的，按照他们所犯的罪分别处罚。

101 什么是主犯，如何进行处罚？

主犯是指组织、领导犯罪集团进行犯罪活动或者在共同犯罪中起主要作用的共同犯罪人。按照《刑法》的规定，主犯包括两种人：一种是组织、领导犯罪集团进行犯罪活动的，即组织犯罪集团，领导、策划、指挥犯罪集团成员进行犯罪活动的组织、领导者，可能是一个人，也可能是数个人。其中，犯罪集团应当具备三个条件：第一，必须由三人以上组成；第二，为了共同进行犯罪活动；第三，有较为固定的组织形式，即参与犯罪的人员基本固定和犯罪组织形式基本固定。另一种是在共同犯罪中起主要作用的人。所谓"起主要作用的人"，是指在共同犯罪中，出谋划策或者对发生危害结果起重要作用的人。

关于主犯的处罚问题，按照《刑法》的规定，对组织、领导犯罪集团的

首要分子,按照集团所犯的全部罪行处罚,即首要分子要对他所组织、领导的犯罪集团进行犯罪活动的全部罪行承担刑事责任。所谓"组织、领导犯罪集团的首要分子",是指在犯罪集团进行犯罪活动中,起组织、领导、策划、指挥作用的主犯。

一般主犯是在首要分子的组织、领导下,在共同犯罪中起主要作用的,其行为的社会危害性相对于首要分子来说要小些,因此,对于一般主犯的处罚,《刑法》规定,对除组织、领导犯罪集团的首要分子以外的主犯,应当按照该主犯在共同犯罪活动中所参与的或者由他组织、指挥的全部犯罪处罚。

《刑法》第二十六条:组织、领导犯罪集团进行犯罪活动的或者在共同犯罪中起主要作用的,是主犯。

三人以上为共同实施犯罪而组成的较为固定的犯罪组织,是犯罪集团。

对组织、领导犯罪集团的首要分子,按照集团所犯的全部罪行处罚。

对于第三款规定以外的主犯,应当按照其所参与的或者组织、指挥的全部犯罪处罚。

102 什么是从犯,如何进行处罚?

从犯是指在共同犯罪中起次要或者辅助作用的共同犯罪人。按照《刑法》的规定,从犯有两种类型:

(一)在共同犯罪中起次要作用的。所谓"起次要作用的",是指在整个共同犯罪活动中,处于从属于主犯的地位,对主犯的犯罪意图表示赞成、附和、服从,听从主犯的领导、指挥,不参与有关犯罪的决策和谋划;在实施具体犯罪中,在主犯的组织、指挥下进行某一方面犯罪活动,情节较轻,对整个犯罪结果的发生,只起了次要作用。

(二)在共同犯罪中起辅助作用的。这种从犯的特点是不直接参与具体犯罪行为的实施,在共同犯罪活动中,对完成共同犯罪只起了提供物质或者精神帮助的作用。如提供作案工具、为实行犯踩点望风、指示犯罪地点和犯罪对象、消除犯罪障碍等。他们的行为对完成共同犯罪,只起了辅助作用。

由于从犯在共同犯罪中所起的作用和其行为的社会危害性比主犯小,因此,根据《刑法》的规定,对于从犯,应当从轻、减轻处罚或者免除处罚。

《刑法》第二十七条:在共同犯罪中起次要或者辅助作用的,是从犯。对于从犯,应当从轻、减轻处罚或者免除处罚。

103 什么是胁从犯,如何进行处罚?

胁从犯是指被胁迫参加犯罪的共同犯罪人。所谓"被胁迫参加犯罪的",是指行为人在他人对其施加精神强制,处于恐惧状态下,不敢不参加犯罪。对这种犯罪之所以应当追究刑事责任,是因为虽然他参加犯罪有违背意志、不得已的一面,但最后参加犯罪仍是由其意志决定的,其人身并未受到强制,主观上仍有意志自由,只是畏于自身遭到危险。毕竟被胁迫参加犯罪的人主观上是有一定罪过的,所以应当负刑事责任。只是其人身危险性较小,按照《刑法》的规定,对于被胁迫参加犯罪的,应当按照他的犯罪情节减轻处罚或者免除处罚。

《刑法》第二十八条:对于被胁迫参加犯罪的,应当按照他的犯罪情节减轻处罚或者免除处罚。

104 什么是教唆犯,如何进行处罚?

教唆犯是指故意唆使他人实行犯罪的人。对教唆犯的处罚原则分为以下三种不同情形:

(一)一般处罚原则。按照《刑法》的规定,对教唆犯,应当按照他在共同犯罪中所起的作用处罚。所谓"在共同犯罪中所起的作用",是指教唆犯罪的人教唆的方法、手段和教唆程度,对完成共同犯罪所起的作用,即在实行教唆的犯罪中所起的作用。由于教唆犯教唆的方法、手段及教唆程度不同,对完成教唆的犯罪所起的作用不同,其行为的危害程度也不同,因此,《刑法》规定"应当按照他在共同犯罪中的作用处罚"。教唆犯在共同犯罪中起主要作用的,按主犯处罚;起次要作用的,按从犯处罚。

(二)从重处罚原则。即教唆犯如果教唆不满十八周岁的人犯罪,则应当从重处罚。

(三)从宽处罚原则。如果被教唆人没有犯被教唆的罪,对于教唆犯,可以从轻或者减轻处罚。被教唆人没有犯被教唆的罪又分为两种情况:一是教唆犯的教唆,对被教唆人没有起到促成犯罪、实施犯罪的作用,被教唆人既没有实施教唆犯教唆的犯罪,也没有实施其他犯罪,其教唆行为没有造成直接的犯罪结果;二是被教唆人没有犯所教唆的罪,而犯了其他罪。不论哪一种情况,都是教唆犯罪,应当承担刑事责任。

《刑法》第二十九条:教唆他人犯罪的,应当按照他在共同犯罪中所起的作用处罚。教唆不满十八周岁的人犯罪的,应当从重处罚。

如果被教唆的人没有犯被教唆的罪,对于教唆犯,可以从轻或者减轻处罚。

105 我国刑法规定哪几种主刑？

主刑是指犯罪行为适用的主要刑罚方法。主刑的特点是：只能独立适用，而不能附加适用，而且对于一种犯罪只能适用一种主刑。根据我国《刑法》的规定，主刑共有以下五种：

（一）管制。管制是对犯罪分子不实行关押，但限制其一定自由，由公安机关依靠群众监督执行的刑罚方法。

（二）拘役。拘役是对犯罪分子短期剥夺人身自由，实行就近关押改造的刑罚方法，适用罪行较轻的犯罪分子。

（三）有期徒刑。有期徒刑是对犯罪分子剥夺一定时期人身自由，并实行强制劳动改造的刑罚方法。

（四）无期徒刑。无期徒刑是剥夺犯罪分子终身自由的刑罚方法，是仅次于死刑的一种严厉的刑罚方法，只适用于严重的犯罪。

（五）死刑。死刑包括死刑立即执行和死刑缓期执行，是剥夺犯罪分子生命的刑罚方法，是最严厉的一种刑罚。适用于危害特别严重、罪大恶极的犯罪分子。

《刑法》第三十三条：主刑的种类如下：
（一）管制；
（二）拘役；
（三）有期徒刑；
（四）无期徒刑；
（五）死刑。

106 适用死刑应当具备哪些条件？

死刑，又称为生命刑，是剥夺犯罪分子生命的刑罚方法。我国《刑

法》贯彻保留死刑、坚决少杀、防止错杀的政策,适用死刑必须非常慎重。根据我国《刑法》的规定,死刑的适用条件包括:

(一)死刑只适用于罪行极其严重的犯罪分子。即适用死刑的犯罪分子通常都具有对国家、社会危害特别严重;致人重伤、死亡或者使公私财产遭受重大损失;手段特别残忍、后果特别严重、社会影响特别恶劣等情节。

(二)死刑案件判决后,必须经过复核程序核准。《刑法》规定,死刑除依法由最高人民法院判决的以外,都应当报请最高人民法院核准。这对于保证死刑的正确适用,防止冤假错案的发生,有重要作用。

(三)死刑的执行程序。根据《刑事诉讼法》的规定,死刑立即执行的判决,应由最高人民法院院长或者授权的高级人民法院院长签发执行,以便最后把关,防止出差错。

(四)死刑对象上的限制。即犯罪的时候不满十八周岁的人和审判的时候怀孕的妇女,不适用死刑。审判的时候已满七十五周岁的人,不适用死刑,但以特别残忍手段致人死亡的除外。

《刑法》第四十八条:死刑只适用于罪行极其严重的犯罪分子。对于应当判处死刑的犯罪分子,如果不是必须立即执行的,可以判处死刑同时宣告缓期二年执行。

死刑除依法由最高人民法院判决的以外,都应当报请最高人民法院核准。死刑缓期执行的,可以由高级人民法院判决或者核准。

《刑法》第四十九条:犯罪的时候不满十八周岁的人和审判的时候怀孕的妇女,不适用死刑。

审判的时候已满七十五周岁的人,不适用死刑,但以特别残忍手段致人死亡的除外。

可以适用死刑的罪名:
《刑法》分则第一章　危害国家安全罪(7个)
1.背叛国家罪

2.分裂国家罪

3.武装叛乱、暴乱罪

4.投敌叛变罪

5.间谍罪

6.为境外的机构、组织、人员窃取、刺探、收买、非法提供国家秘密或者情报罪

7.资敌罪

《刑法》分则第二章　危害公共安全罪(14个)

8.放火罪

9.决水罪

10.爆炸罪

11.投毒罪

12.投放危险物质罪

13.以危险方法危害公共安全罪

14.破坏电力设备罪

15.破坏易燃易爆设备罪

16.劫持航空器罪

17.非法制造、买卖、运输、邮寄、储存枪支、弹药、爆炸物罪

18.非法买卖、运输核材料罪

19.非法制造、买卖、运输、储存危险物质罪(取消非法买卖、运输核材料罪罪名)

20.盗窃、抢夺枪支、弹药、爆炸物等危险物质罪

21.抢劫枪支、弹药、爆炸物等危险物质罪

《刑法》分则第三章　破坏社会主义市场经济秩序罪(7个)

第一节　生产、销售伪劣商品罪(2个)

22.生产、销售假药罪

23.生产、销售有毒、有害食品罪

第二节　走私罪(3个)

24.走私武器、弹药罪

25.走私核材料罪

26.走私假币罪

第四节　破坏金融管理秩序罪(1个)

27.伪造货币罪

第五节　金融诈骗罪(1个)

28.集资诈骗罪

《刑法》分则第四章　侵犯公民人身权利、民主权利罪(5个)

29.故意杀人罪

30.故意伤害罪

31.强奸罪

32.绑架罪

33.拐卖妇女、儿童罪

《刑法》分则第五章　侵犯财产罪(1个)

34.抢劫罪

《刑法》分则第六章　妨害社会管理秩序罪(5个)

第二节　妨害司法罪(2个)

35.暴动越狱罪

36.聚众持械劫狱罪

第七节　走私、贩卖、运输、制造毒品罪(1个)

37.走私、贩卖、运输、制造毒品罪

第八节　组织、强迫、引诱、容留、介绍卖淫罪(2个)

38.组织卖淫罪

39.强迫卖淫罪

《刑法》分则第七章　危害国防利益罪(2个)

40.破坏武器装备、军事设施、军事通信罪

41.故意提供不合格武器装备、军事设施罪

《刑法》分则第八章　贪污贿赂罪(2个)

42.贪污罪

43.受贿罪

《刑法》分则第十章　军人违反职责罪(12个)

44.战时违抗命令罪

45.隐瞒、谎报军情罪

46.拒传、假传军令罪

47.投降罪

48.战时临阵脱逃罪

49.阻碍指挥人员或者值班、值勤人员执行职务罪

50.驾驶航空器、舰船叛逃罪

51. 为境外的机构、组织、人员窃取、刺探、收买、非法提供军事秘密罪

52. 勾结敌人造谣惑众，动摇军心罪

53. 盗窃、抢夺武器装备或者军用物资罪

54. 非法出卖、转让军队武器装备罪

55. 战时在军事行动地区，残害无辜居民或者掠夺无辜居民财物罪

107 什么是死缓，它的适用条件有哪些？

死缓是死刑缓期执行的简称，它不是一种独立的刑罚种类，属于死刑的一种。适用死缓必须具备两个条件：一是罪该处死；二是不是必须立即执行死刑的。

对于被判处死刑缓期两年执行的有以下四种处理方法：(1)在死刑缓期执行期间，如果没有故意犯罪，两年期满以后，减为无期徒刑；(2)如果确有重大立功表现，两年期满以后，减为二十五年有期徒刑；(3)如果属于故意犯罪，情节严重，查证属实的，由最高人民法院核准，执行死刑；(4)如果是累犯以及犯故意杀人、故意伤害致人重伤或者死亡、强奸、抢劫、贩卖毒品、放火、爆炸、投放危险物质罪的，可限制减刑。

死缓减刑的法律要求包括：(1)死刑缓期执行的期间，从核准死刑缓期执行宣告之日起计算；(2)对死刑缓期执行罪犯的减刑，应当依法及时报送和裁定；(3)死刑缓期执行减为无期徒刑的，无期徒刑的刑期，从生效的法律文书宣告或送达之日起计算，原剥夺政治权利终身的附加刑不变；(4)死刑缓期执行减为有期徒刑的，刑期从死刑缓期执行期满之日起计算，原剥夺政治权利终身的附加刑改为剥夺政治权利三年以上十年以下。

《刑法》第四十八条：死刑只适用于罪行极其严重的犯罪分子。对于应当判处死刑的犯罪分子，如果不是必须立即执行的，可以判处死刑同

时宣告缓期二年执行。

《刑法》第五十条:判处死刑缓期执行的,在死刑缓期执行期间,如果没有故意犯罪,二年期满以后,减为无期徒刑;如果确有重大立功表现,二年期满以后,减为二十五年有期徒刑;如果故意犯罪,情节恶劣的,报请最高人民法院核准后执行死刑;对于故意犯罪未执行死刑的,死刑缓期执行的期间重新计算,并报最高人民法院备案。

对被判处死刑缓期执行的累犯以及因故意杀人、强奸、抢劫、绑架、放火、爆炸、投放危险物质或者有组织的暴力性犯罪被判处死刑缓期执行的犯罪分子,人民法院根据犯罪情节等情况可以同时决定对其限制减刑。

《刑法》第五十一条:死刑缓期执行的期间,从判决确定之日起计算。死刑缓期执行减为有期徒刑的刑期,从死刑缓期执行期满之日起计算。

108 什么是拘役,其内容有哪些?

拘役是主刑的一种,由人民法院判决,公安机关就近执行,短期剥夺犯罪分子人身自由、强制劳动改造的刑罚。拘役作为一种介于管制与有期徒刑之间的主刑,其特点有:(1)拘役是一种短期自由刑。拘役的刑期最短不少于一个月,最长不超过六个月。(2)拘役适用于罪行较轻但需要短期关押改造的罪犯。(3)拘役是由公安机关就近执行的刑罚方法。

拘役由公安机关在就近的拘役所、看守所或者其他监管场所执行;在执行期间,受刑人每月可以回家一天至两天;参加劳动的,可以酌量发给报酬。

拘役期限为一个月以上六个月以下,数罪并罚不得超过一年。被判拘役,刑期从人民法院判决之日起生效,但在宣判前被先行羁押的,其羁押一日折抵刑期一日。

在理解和适用拘役时,应注意拘役与一字之差的拘留(包括刑事拘留、民事拘留和行政拘留)明显不同,具体表现为以下几方面:

(一)性质不同。拘役是刑罚方法。刑事拘留是刑事诉讼中公安机关在紧急情况下依法临时剥夺现行犯或重大犯罪嫌疑分子人身自由的一种刑事强制措施,以防止其逃避侦查、审判或继续进行犯罪活动;民事拘留是民事诉讼中的一种强制措施,具有司法性质,又称司法拘留;行政拘留是对违反治安管理的行为人所适用的一种行政处罚方法。

(二)适用对象不同。拘役适用于罪行较轻的犯罪分子。刑事拘留适用于具有《刑事诉讼法》规定的七种情形之一的现行犯或重大嫌疑分子;民事拘留适用于《中华人民共和国民事诉讼法》(以下简称《民事诉讼法》)规定的六种妨害民事诉讼行为之一的诉讼参与人或者其他人;行政拘留的对象是不构成犯罪但违反治安管理规定的行为人。

(三)适用的机关不同。拘役由人民法院判决。民事拘留须经人民法院院长批准,期限为十五日以下,被拘留人由人民法院交公安机关看管;而刑事拘留、行政拘留由公安机关直接适用。

(四)法律依据不同。拘役的依据是《刑法》。刑事拘留的依据是《刑事诉讼法》;民事拘留的依据是《民事诉讼法》;而行政拘留的依据则是《中华人民共和国治安管理处罚条例》。

《刑法》第四十二条:拘役的期限,为一个月以上六个月以下。

《刑法》第四十三条:被判处拘役的犯罪分子,由公安机关就近执行。

在执行期间,被判处拘役的犯罪分子每月可以回家一天至两天;参加劳动的,可以酌量发给报酬。

《刑法》第四十四条:拘役的刑期,从判决执行之日起计算;判决执行以前先行羁押的,羁押一日折抵刑期一日。

109 什么是管制,它有哪些特点?

管制是主刑的一种,是指对犯罪分子不实行关押,交由公安机关管束和人民群众监督,限制其一定自由的刑罚方法。它具有以下几方面特点:

(一)对犯罪分子不予关押,不剥夺其人身自由。被判处管制的犯罪分子在服刑期间,不羁押在监狱、看守所等执行场所,仍留在原工作单位或居住地,也不离开自己的家庭,不中断与社会的正常交往。这是管制刑与其他刑罚方法的重要区别。

(二)被判处管制刑的罪犯须在公安机关管束和群众监督下进行劳动改造,其自由受到一定限制。限制罪犯自由主要表现在限制罪犯的政治自由、担任领导职务、外出经商、迁居等自由。

(三)被判处管制的罪犯可以参加劳动或就业,并且依法可以同工同酬。

(四)对判处管制的犯罪分子,依法实行社区矫正。即管制由县级司法行政部门执行社区矫正。

在司法实践中,管制刑通常适用于罪行性质轻、危害小以及人身危险性较小的犯罪分子。根据《刑法》的规定,被判处管制的犯罪分子,在执行期间,应当遵守下列规定:(1)遵守法律、行政法规,服从监督;(2)未经执行机关批准,不得行使言论、出版、聚会、结社、游行、示威自由的权利;(3)按照执行机关的规定报告自己的活动情况;(4)遵守执行机关关于会客的规定;(5)离开所居住的市、县或者迁居,应当报告执行机关批准。

如果被管制的犯罪分子需要剥夺政治权利的,应当把剥夺政治权利作为附加刑判处,其期限与管制的期限相等,同时执行。被判处管制的犯罪分子,管制期满,执行机关即应向本人和其所在单位或居住地的群众宣布解除管制,并且发给本人解除通知书。附加剥夺政治权利的,同时宣布恢复政治权利。

《刑法》第三十八条:管制的期限,为三个月以上二年以下。

判处管制,可以根据犯罪情况,同时禁止犯罪分子在执行期间从事特定活动,进入特定区域、场所,接触特定的人。

对判处管制的犯罪分子,依法实行社区矫正。

110 什么是附加刑,它包括哪些种类?

附加刑是指补充主刑适用的刑罚方法,其特点是既可以独立适用,也可以附加在主刑中适用。对于一种犯罪可以适用两种以上的附加刑。按照我国《刑法》的规定,附加刑有以下几种:

(一)罚金。罚金是强制犯罪分子向国家缴纳一定数额的金钱,对罪犯进行经济制裁的一种刑罚方法。主要适用于破坏社会主义经济秩序的犯罪和其他非法牟利的犯罪。

(二)剥夺政治权利。剥夺政治权利是指依法剥夺犯罪分子一定期限参加国家管理和政治活动权利的刑罚方法。主要适用于危害国家安全和其他严重危害社会治安的犯罪分子。

(三)没收财产。没收财产是指将犯罪分子个人所有财产的一部分或者全部强行无偿地收归国有的一种刑罚方法。主要适用于危害国家安全罪、破坏社会主义经济秩序罪、侵犯财产罪及妨害社会管理秩序罪中较严重的犯罪。

《刑法》第三十四条:附加刑的种类如下:
(一)罚金;
(二)剥夺政治权利;
(三)没收财产。
附加刑也可以独立适用。

111 什么是附加刑中的剥夺政治权利?

剥夺政治权利是一种附加刑,是指剥夺犯罪分子参加国家管理和政治活动权利的刑罚方法。根据我国《刑法》的规定,剥夺政治权利是指剥

夺犯罪分子下列四项权利：(1)选举权和被选举权；(2)言论、出版、集会、结社、游行、示威自由的权利；(3)担任国家机关职务的权利；(4)担任国有公司、企业、事业单位和人民团体领导职务的权利。剥夺政治权利既可以附加适用，也可以独立适用。

附加适用剥夺政治权利的对象主要是以下三种犯罪分子：(1)危害国家安全的犯罪分子。(2)故意杀人、强奸、放火、爆炸、投毒、抢劫等严重破坏社会秩序的犯罪分子。(3)被判处死刑和无期徒刑的犯罪分子，对该类犯罪分子应当剥夺政治权利终身。

独立适用剥夺政治权利的条文均规定在《刑法》分则当中，主要有以下几种犯罪：(1)危害国家安全罪中的分裂国家罪、煽动分裂国家罪、武装叛乱或者武装暴乱罪、煽动颠覆政权罪、资敌罪。(2)侵犯公民人身权利、民主权利罪中的非法剥夺他人人身自由罪，侮辱、诽谤罪，煽动民族仇恨、民族歧视罪，破坏选举罪。(3)妨害社会管理秩序罪中的妨害公务罪，聚众扰乱社会秩序罪，招摇撞骗罪，伪造、变造、买卖或者盗窃、抢夺、毁灭国家机关的公文、证件、印章罪，伪造公司、企业、事业单位、人民团体的印章罪，伪造、变造居民身份证罪，聚众"打砸抢"罪，扰乱社会秩序罪，组织黑社会性质组织罪，非法集会、游行、示威罪，非法携带武器、管制刀具或者爆炸物参加集会、游行、示威罪，破坏依法举行的集会、游行、示威罪，侮辱国旗、国徽罪。(4)危害国防利益罪中的聚众扰乱军事禁区、军事管理区罪，伪造、变造、买卖或者盗窃、抢夺武装部队公文、证件、印章罪。《刑法》分则条文中没有规定剥夺政治权利的犯罪，不得独立适用剥夺政治权利。

在剥夺政治权利的期限问题上，除独立适用的以外，依所附加的主刑不同而有所不同。根据《刑法》的规定，剥夺政治权利的期限有定期与终身之分，包括以下四种情况：(1)判处管制附加剥夺政治权利，剥夺政治权利的期限与管制的期限相等，同时执行。即三个月以上两年以下。(2)判处拘役、有期徒刑附加剥夺政治权利或者单处剥夺政治权利的期限，为一年以上五年以下。(3)判处死刑、无期徒刑的犯罪分子，应当剥夺政治权利终身。(4)死刑缓期执行或者无期徒刑减为有期徒刑的,附加剥夺政治权利的期限改为三年以上十年以下。

《刑法》第五十四条:剥夺政治权利是剥夺下列权利:
(一)选举权和被选举权;
(二)言论、出版、集会、结社、游行、示威自由的权利;
(三)担任国家机关职务的权利;
(四)担任国有公司、企业、事业单位和人民团体领导职务的权利。

《刑法》第五十五条:剥夺政治权利的期限,除本法第五十七条规定外,为一年以上五年以下。

判处管制附加剥夺政治权利的,剥夺政治权利的期限与管制的期限相等,同时执行。

《刑法》第五十六条:对于危害国家安全的犯罪分子应当附加剥夺政治权利;对于故意杀人、强奸、放火、爆炸、投毒、抢劫等严重破坏社会秩序的犯罪分子,可以附加剥夺政治权利。

独立适用剥夺政治权利的,依照本法分则的规定。

《刑法》第五十七条:对于被判处死刑、无期徒刑的犯罪分子,应当剥夺政治权利终身。

在死刑缓期执行减为有期徒刑或者无期徒刑减为有期徒刑的时候,应当把附加剥夺政治权利的期限改为三年以上十年以下。

112 什么是罚金刑,这种附加刑有哪些特点?

罚金是一种附加刑,是指人民法院判处犯罪分子向国家缴纳一定数额金钱的一种刑罚方法。罚金刑具有以下特征:(1)罚金是人民法院对犯罪分子采取的强制性财产惩罚措施。(2)只能执行犯罪分子个人所有的财产,不能执行犯罪分子家属所有或者后有的财产。(3)罚金的范围只能是强制犯罪分子缴纳个人所有的一定数额的金钱。如果没有钱款,可以对其拥有的合法财产采取查封、扣押、冻结、变卖、拍卖措施,用变

卖、拍卖的钱款折抵罚金。(4)罚金的缴纳是在法院的判决生效之后执行。

按照我国《刑法》的规定,判处罚金,应当根据犯罪情节决定罚金数额。按照最高人民法院《关于适用财产刑若干问题的规定》第二条规定:"人民法院应当根据犯罪情节,如违法所得数额、造成损失的大小等,并综合考虑犯罪分子缴纳罚金的能力,依法判处罚金。"根据最高人民法院司法解释的规定,《刑法》分则中对罚金数额的规定主要有以下五种情形:(1)无限额罚金制。是指由人民法院依据《刑法》总则确定的原则——根据犯罪情节,自由裁量罚金的具体数额。在无限额罚金的情况下,罚金的最低数额不能少于一千元;未成年人犯罪应当从轻或者减轻判处罚金的,罚金的最低数额不能少于五百元。(2)限额罚金制。即人民法院只需要在规定的数额幅度内裁量罚金。例如,《刑法》第一百七十条规定,伪造货币的,处三年以上十年以下有期徒刑,并处罚金。(3)比例罚金制。即以犯罪金额的百分比决定罚金的数额。例如,《刑法》第一百五十八条规定,对虚报注册资本罪,处三年以下有期徒刑或者拘役,并处或者单处虚报注册资本金额百分之一以上百分之五以下罚金。(4)倍数罚金制。即以犯罪金额的倍数决定罚金的数额。例如,《刑法》第二百零二条规定,以暴力、威胁方法拒不缴纳税款的,处三年以下有期徒刑或者拘役,并处拒缴税款一倍以上五倍以下的罚金。(5)倍比罚金制。即同时以犯罪金额的比例和倍数决定罚金的数额。例如,《刑法》第一百四十一条规定,对生产、销售假药罪,处三年以下有期徒刑或者拘役,并处罚金。

根据《刑法》的规定,罚金有以下四种适用方式:(1)单处罚金。这种方式主要适用于单位犯罪。例如,《刑法》第三百八十七条规定的单位受贿罪和第三百九十三条规定的单位行贿罪,对单位判处罚金。在这种情况下,罚金只能单独适用。(2)选处罚金。即《刑法》规定罚金与其他刑种并列,可供选择适用。例如,《刑法》第二百七十五条规定,犯故意毁坏财物罪的,处三年以下有期徒刑、拘役或者罚金。在这种情况下,罚金作为一种选择的法定刑,只有单独适用,不能附加适用。(3)并处罚金。在罚金附加适用的情况下,明确规定判处自由刑时,必须同时并处罚金。例如,《刑法》第三百二十六条规定,犯倒卖文物罪的,处五年以下有期徒刑或者拘役,并处罚金;情节特别严重的,处五年以上十年以下有期徒刑,并处罚金。在这里,罚金只能附加适用,不能单独适用。(4)并处或单处罚金。即罚金的单处与并处同时规定在一个法条之内,以供选择适用。例如,《刑法》第二百一十六条规定,假冒他人专利,情节严重的,处三年以下有期徒刑或者拘役,并处或者单处罚金。在这种情况下,罚金既可以附加适用,也可以单独适用,究竟是并处还是单处根据犯罪分子所犯罪行的情节轻重确定。

《刑法》第五十二条:判处罚金,应当根据犯罪情节决定罚金数额。

《刑法》第五十三条:罚金在判决指定的期限内一次或者分期缴纳。期满不缴纳的,强制缴纳。对于不能全部缴纳罚金的,人民法院在任何时候发现被执行人有可以执行的财产,应当随时追缴。

由于遭遇不能抗拒的灾祸等原因缴纳确实有困难的,经人民法院裁定,可以延期缴纳、酌情减少或者免除。

113 什么是附加刑中的没收财产?

没收财产是一种附加刑,是指强制将犯罪分子个人所有的一部或者全部财产无偿地收为国有的一种刑罚方法。

根据《刑法》的规定,没收财产的适用应当注意其范围:(1)没收财产是没收犯罪分子个人所有财产的一部或者全部。所谓"犯罪分子个人所有财产",是指属于犯罪分子本人实际所有的财产及与他人共有财产中依法应得的份额。(2)没收全部财产的,应当对犯罪分子个人及其扶养的家属保留必需的生活费用,以维持犯罪分子个人及其扶养的家属的生活。(3)在判处没收财产的时候,不得没收属于犯罪分子家属所有或者应有的财产。

在没收财产刑适用的对象上,主要包括:(1)危害国家安全罪是适用没收财产刑的首要对象。(2)经济犯罪及贪利性的犯罪是没收财产刑的重要对象。对这些犯罪分子适用没收财产,既是对贪财图利的犯罪给予应有的惩罚,也是对他们继续进行犯罪活动的物质条件予以必要的剥夺。

在没收财产的适用方式上,主要包括:(1)选处适用。既可以适用没收财产,也可以适用其他刑罚,由司法机关根据个案的情况自由裁量。例如,《刑法》第二百六十七条规定,抢夺公私财物,数额特别巨大或者有其他特别严重情节的,处十年以上有期徒刑或者无期徒刑,并处罚金或者没收财产。(2)并处适用。在对犯罪分子适用主刑或其他附加刑的同时判处没收财产。例如,《刑法》第三百八十三条规定,贪污数额特别巨大,并使国家和人民利益遭受特别重大损失的,处无期徒刑或者死刑,并处没收财产。

《刑法》第五十九条:没收财产是没收犯罪分子个人所有财产的一部或者全部。没收全部财产的,应当对犯罪分子个人及其扶养的家属保留必需的生活费用。

在判处没收财产的时候,不得没收属于犯罪分子家属所有或者应有的财产。

《刑法》第六十条:没收财产以前犯罪分子所负的正当债务,需要以没收的财产偿还的,经债权人请求,应当偿还。

114 什么是累犯,对累犯的处罚原则是什么?

累犯是指因犯罪受过一定刑罚处罚,在刑罚执行完毕或者赦免之后的法定期限内又犯一定之罪的犯罪人。根据我国《刑法》的规定,累犯分为一般累犯和特别累犯两类。

就一般累犯而言,其构成条件如下:

(一)前罪和后罪必须都是被判处有期徒刑以上刑罚的,包括被判处有期徒刑、无期徒刑或者死刑的。

(二)前罪和后罪的间隔时间为五年,由于累犯的社会危害性较大,实践中几进宫的比较多,对社会治安构成严重威胁,为了体现对累犯从严打击的精神,《刑法》规定了累犯制度。

(三)后罪发生的时间必须在前罪的刑罚执行完毕或者赦免以后五年以内。刑罚执行完毕是指有期徒刑以上的刑罚。对于有期徒刑以上的主刑已经执行完毕,但附加刑尚未执行完毕的,应以主刑执行完毕之日为累犯期间的起算时间。

(四)前罪和后罪必须都是故意犯罪。如果其中有一个是过失犯罪,就不符合累犯的条件。累犯不包括过失犯罪。

特别累犯是指危害国家安全罪、恐怖活动犯罪、黑社会性质的组织犯罪的犯罪分子受过一定的刑罚处罚,在刑罚执行完毕或者赦免之后,在任何时间内再犯上述任一类犯罪的人。

根据《刑法》的规定,对于累犯应当在法定刑的幅度内从重处罚。

《刑法》第六十五条:被判处有期徒刑以上刑罚的犯罪分子,刑罚执行完毕或者赦免以后,在五年以内再犯应当判处有期徒刑以上刑罚之罪的,是累犯,应当从重处罚,但是过失犯罪和不满十八周岁的人犯罪的除外。

前款规定的期限,对于被假释的犯罪分子,从假释期满之日起计算。

《刑法》第六十六条:危害国家安全犯罪、恐怖活动犯罪、黑社会性质的组织犯罪的犯罪分子,在刑罚执行完毕或者赦免以后,在任何时候再犯上述任一类罪的,都以累犯论处。

115 什么是自首，对自首犯的处罚原则是什么？

自首是指犯罪分子犯罪以后自动投案，如实供述自己的罪行的行为，或者被采取强制措施的犯罪嫌疑人、被告人以及正在服刑的罪犯如实供述公安司法机关还未掌握的自己其他罪行的行为。自首分为一般自首和特别自首。

根据《刑法》的规定，一般自首的成立条件如下：

（一）犯罪以后自动投案。所谓"自动投案"，是指犯罪分子犯罪以后，犯罪事实未被司法机关发现以前；或者犯罪事实虽被发现，但不知何人所为；或者犯罪事实和犯罪分子均已被发现，但是尚未受到司法机关的传唤、讯问或者司法机关尚未采取强制措施之前，主动到司法机关或者所在单位、基层组织等投案，愿意接受审查和追诉的。

投案的形式多种多样，除上述形式外，犯罪分子犯罪后逃到异地，向异地的司法机关投案的，也属于自首。如果犯罪分子因患病、身受重伤，为了消除犯罪后果而委托他人代为投案的，或者先行以书信、电话、电报等投案的，都应当属于投案。有的犯罪嫌疑人的罪行尚未被司法机关发觉，但因其他原因在被司法机关或其他组织盘问、教育过程中，主动交代了自己罪行的，也属于自动投案。有的犯罪嫌疑人在投案途中被捕获，只要查证属实的，也属于投案自首。有的犯罪嫌疑人投案并非完全出于自己主动，而是经亲友劝告，由亲友送去投案，对于这些情形也应认定为投案自首。

（二）如实供述自己的罪行。即犯罪分子投案以后，对于自己所犯的罪行，不管司法机关是否掌握，都必须如实地全部向司法机关供述。只要基本的犯罪事实和主要情节说清楚，就应当认为属于如实供述自己的罪行。如果犯罪分子避重就轻或者仅供述一部分，不能认为是如实供述自己的罪行。对于犯有数罪的犯罪分子只供述自己所犯数罪中的部分犯罪的，则只能认定该部分犯罪为自首。共同犯罪中的犯罪分子不仅应供述自己的犯罪行为,还应供述与其共同实施犯罪的其他共犯的共同犯罪事实。

特殊自首的成立必须具备以下几个要件:

(一)自首的主体仅限于已经被司法机关采取强制措施的犯罪嫌疑人、被告人和正在服刑的罪犯。强制措施是指我国《刑事诉讼法》规定的拘传、拘留、取保候审、监视居住、逮捕。正在服刑是指罪行已经人民法院判决,罪犯正在执行刑罚。

(二)如实供述的内容是司法机关还未掌握的本人其他罪行的。司法机关还未掌握的本人其他罪行,是指司法机关根本不知道、未掌握犯罪嫌疑人、被告人和正在服刑的罪犯的其他罪行。如果犯罪分子因犯罪被采取强制措施或者被判处刑罚后,又向司法机关供述自己还有一同种性质的犯罪行为,不属于其他罪行。另外,对于共同犯罪来说,如果供述司法机关未掌握的他人的犯罪,也不成立特别自首。

不论哪种形式的自首,其处罚原则都是一样的,即对于自首的犯罪分子,可以从轻或者减轻处罚。其中,犯罪较轻的,可以免除处罚。

《刑法》第六十七条:犯罪以后自动投案,如实供述自己的罪行的,是自首。对于自首的犯罪分子,可以从轻或者减轻处罚。其中,犯罪较轻的,可以免除处罚。

被采取强制措施的犯罪嫌疑人、被告人和正在服刑的罪犯,如实供述司法机关还未掌握的本人其他罪行的,以自首论。……

116 什么是立功,立功如何减轻处罚?

立功是指犯罪分子揭发他人犯罪行为,查证属实的,或者提供重要线索,从而得以侦破其他案件的行为。立功的主体是犯罪分子。所谓"揭发他人的犯罪行为",是指犯罪分子被捉拿归案以后,不仅交代自己

的罪行,而且主动揭发其他人的犯罪行为。揭发他人的犯罪行为,必须经过查证属实。查证属实是指必须经过司法机关查证以后,证明犯罪分子揭发的情况属实。如果经过查证,犯罪分子揭发的情况,不是事实或者无法证明或者不属于犯罪行为,那么不算是犯罪分子有立功表现。立功表现的另一种形式是提供重要线索,从而得以侦破其他案件的。所谓"提供重要线索",是指犯罪分子向司法机关提供未被司法机关掌握的重要犯罪线索,即证明犯罪行为的重要事实或有关证人等。按照《刑法》的规定,如果犯罪分子存在立功行为,可以从轻或者减轻处罚。

按照《刑法》的规定,对于有重大立功表现的,可以减轻或者免除处罚。所谓"重大立功表现",是指犯罪分子检举、揭发他人的重大犯罪行为,如揭发了一个犯罪集团或犯罪团伙,或者因提供了犯罪的重要线索,才使一个重大犯罪案件得以侦破;阻止他人重大犯罪活动;协助司法机关抓捕其他重大犯罪分子(包括同案犯);对国家和社会有其他重大贡献的等。

《刑法》第六十八条:犯罪分子有揭发他人犯罪行为,查证属实的,或者提供重要线索,从而得以侦破其他案件等立功表现的,可以从轻或者减轻处罚;有重大立功表现的,可以减轻或者免除处罚。

117 坦白依法从宽处罚吗?

坦白是指犯罪分子被动归案后,如实供述自己被公安司法机关指控的犯罪事实,并主动接受有关机关审查和裁判的行为。在过去很长一段时间,我国法律和司法实践只将坦白作为一种酌定从宽处罚的量刑情节对待,从2009年的司法解释到2011年的《刑法修正案(八)》,坦白已成为一种法定的从宽处罚情节。

《关于办理职务犯罪案件认定自首、立功等量刑情节若干问题的意见》规定,犯罪分子依法不成立自首,但如实交代犯罪事实,有下列情形之一的,可以酌情从轻处罚:(1)办案机关掌握部分犯罪事实,犯罪分子交代了同种其他犯罪事实的;(2)办案机关掌握的证据不充分,犯罪分子如实交代有助于收集定案证据的。

《关于办理职务犯罪案件认定自首、立功等量刑情节若干问题的意见》还规定,犯罪分子如实交代犯罪事实,有下列情形之一的,一般应当从轻处罚:(1)办案机关仅掌握小部分犯罪事实,犯罪分子交代了大部分未被掌握的同种犯罪事实的;(2)如实交代对于定案证据的收集有重要作用的。

《刑法修正案(八)》规定,《刑法》第六十七条增加一款,犯罪嫌疑人虽不具有前两款规定的自首情节,但是如实供述自己罪行的,可以从轻处罚;因其如实供述自己罪行,避免特别严重后果发生的,可以减轻处罚。

《刑法》第六十七条:……

犯罪嫌疑人虽不具有前两款规定的自首情节,但是如实供述自己罪行的,可以从轻处罚;因其如实供述自己罪行,避免特别严重后果发生的,可以减轻处罚。

118 判决宣告以前一人犯数罪的,应当如何决定执行刑罚?

这实际上就是刑法中的数罪并罚问题。所谓"数罪并罚",就是指对犯两个以上罪行的罪犯,就所犯各罪分别定罪量刑后,按一定原则判决宣告执行的刑罚。按照《刑法》的规定,对于判决宣告之前,一人犯有两种或两种以上不同的罪,处罚原则是:在总和刑期以下,数刑中最高刑期以上酌情决定执行的刑期。总和刑期是指将犯罪分子各个不同的罪,分别依照《刑法》确定刑期后相加得出的刑期总数。而数刑中最高刑期是指对数个犯罪确定的刑期中最长的刑期。对于被告人犯有数罪的,人民

法院在量刑时,应当先就数罪中的每一种犯罪分别量刑,然后再把每个罪判处的刑罚相加,计算出总和刑期,最后在数罪中的最高刑期以上和数罪总和刑期以下,决定执行的刑罚。

按照《刑法》的规定,在决定执行刑罚时,管制最高不能超过三年,拘役最高不能超过一年,有期徒刑总和刑期不满三十五年的,最高不能超过二十年,总和刑期在三十五年以上的,最高不能超过二十五年。在数罪中有一个罪判处附加刑的,或者数罪都判处附加刑的,附加刑都应继续执行。附加刑不适用数罪并罚原则,应当分别予以执行。

《刑法》第六十九条:判决宣告以前一人犯数罪的,除判处死刑和无期徒刑的以外,应当在总和刑期以下、数刑中最高刑期以上,酌情决定执行的刑期,但是管制最高不能超过三年,拘役最高不能超过一年,有期徒刑总和刑期不满三十五年的,最高不能超过二十年,总和刑期在三十五年以上的,最高不能超过二十五年。……

数罪中有判处附加刑的,附加刑仍须执行,其中附加刑种类相同的,合并执行,种类不同的,分别执行。

119 判决宣告后,刑罚执行完毕前,发现被判刑的犯罪分子还有遗漏罪行,应如何处罚?

按照《刑法》的规定,判决宣告以后,刑罚执行完毕以前,发现被判刑的犯罪分子在判决宣告以前还有其他罪没有判决的,应当对新发现的罪作出判决,把前后两个判决所判处的刑罚,依照本法第六十九条的规定,决定执行的刑罚。

这种处罚原则必须是发现被判刑的犯罪分子在判决宣告以前还有其他罪没有判决,即存在漏罪现象。在决定执行刑罚的方法上,采用先并后减的方法。即先将前面的罪所判处的刑罚与漏罪所判处的刑罚实行数罪并罚,然后从前后两个判决所判处的刑罚中扣除已经执行的刑期。

对这一法律规定还应注意以下问题:(1)缓刑期间发现漏罪的并罚。按照《刑法》的规定,被宣告缓刑的犯罪分子,在缓刑考验期限内发现判决宣告以前还有其他罪没有判决的,应当撤销缓刑,对新发现的罪作出判决,把前罪与后罪所判处的刑罚,依照本法第六十九条的规定,决定执行的刑罚。如果必须判处实刑的,应当撤销对前罪所宣告的缓刑。已经执行的缓刑考验期,不予折抵刑期。但是,判决执行以前先行羁押的日期应当予以折抵刑期;如果符合缓刑条件的,仍可宣告缓刑,已经执行的缓刑考验期,应当计算在新决定的缓刑考验期内。(2)假释期间发现漏罪的并罚。按照《刑法》的规定,在假释考验期限内,发现被假释的犯罪分子在判决宣告以前还有其他罪没有判决的,应当撤销假释,依照本法第七十条的规定实行数罪并罚。

《刑法》第七十条:判决宣告以后,刑罚执行完毕以前,发现被判刑的犯罪分子在判决宣告以前还有其他罪没有判决的,应当对新发现的罪作出判决,把前后两个判决所判处的刑罚,依照本法第六十九条的规定,决定执行的刑罚。已经执行的刑期,应当计算在新判决决定的刑期以内。

120 犯罪分子在刑罚执行的过程中又犯新罪的,应当如何数罪并罚?

按照《刑法》的规定,判决宣告以后,刑罚执行完毕以前,被判刑的犯罪分子又犯罪的,应当对新犯的罪作出判决,把前罪没有执行的刑罚与后罪所判处的刑罚,依照本法第六十九条的规定,决定执行的刑罚。新罪必须是在判决发生法律效力以后、刑罚执行完毕以前所犯的。再犯新罪并罚的方法是先减后并。根据先减后并的方法,在再犯新罪实行并罚计算刑期的时候,应当从前罪判决决定执行刑罚中减去已经执行刑罚,

然后将前罪未执行的刑罚与后罪所判处的刑罚并罚,决定执行的刑罚。

按照《刑法》的规定,在理解和适用再犯新罪进行并罚的时候,还应注意:(1)缓刑期间再犯新罪的并罚。被宣告缓刑的犯罪分子,在缓刑考验期限内犯新罪的,应当撤销缓刑,对新犯的罪作出判决,把前罪和后罪所判处的刑罚,依照本法第六十九条的规定,决定执行的刑罚。(2)假释期间再犯新罪的并罚。即被假释的犯罪分子,在假释考验期限内犯新罪,应当撤销假释,依照本法第七十一条的规定实行数罪并罚。

《刑法》第七十一条:判决宣告以后,刑罚执行完毕以前,被判刑的犯罪分子又犯罪的,应当对新犯的罪作出判决,把前罪没有执行的刑罚和后罪所判处的刑罚,依照本法第六十九条的规定,决定执行的刑罚。

121 判处缓刑应当具备哪些条件?

缓刑是指审理案件的法院根据被判处刑罚的罪犯的犯罪情节和悔罪表现,规定一定的考验期,附条件地暂缓执行刑罚的一种刑罚方法。根据《刑法》的规定,适用缓刑的条件如下:

(一)犯罪分子被判处拘役或者三年以下有期徒刑的刑罚。三年以下有期徒刑是指法院的宣告刑,而不是这种罪的法定刑。被判处这种刑罚的犯罪分子,通常罪行较轻,社会危害性较小。这是适用缓刑的条件之一。

(二)根据犯罪分子的犯罪情节和悔罪表现,认为适用缓刑不致再危害社会。这是适用缓刑的根本条件。罪犯是否再危害社会,主要根据犯罪分子自身对所犯罪行的认罪、悔罪表现和犯罪情节而定,如果犯罪分子对自身的犯罪没有认识、没有悔罪表现,或者犯罪分子犯罪情节严重、手段恶劣,即使被判拘役或者三年以下有期徒刑的刑罚,也不能适用缓刑,因为他们有可能再次危害社会。

(三)犯罪分子不是累犯。累犯屡教不改、主观恶性较严重,适用缓刑难以防止其再犯新罪。因此,缓刑不适用于累犯。

　　根据《刑法》的规定,对被宣告缓刑的犯罪分子,在缓刑考验期限内,依法实行社区矫正,如果没有违法犯罪,缓刑考验期满,原判的刑罚就不再执行,并公开予以宣告。如果被宣告缓刑的犯罪分子,在缓刑考验期限内犯新罪或者发现判决宣告以前还有其他罪没有判决的,应当撤销缓刑,对新犯的罪或者新发现的罪作出判决,把前罪和后罪所判处的刑罚,依照《刑法》第六十九条的规定,决定执行的刑罚。另外,被宣告缓刑的犯罪分子在缓刑考验期限内,违反法律、行政法规或者国务院有关部门关于缓刑的监督管理规定,或者违反人民法院判决中的禁止令,情节严重的,应当撤销缓刑,执行原判刑罚。

　　《刑法》第七十二条:对于被判处拘役、三年以下有期徒刑的犯罪分子,同时符合下列条件的,可以宣告缓刑,对其中不满十八周岁的人、怀孕的妇女和已满七十五周岁的人,应当宣告缓刑:

　　(一)犯罪情节较轻;

　　(二)有悔罪表现;

　　(三)没有再犯罪的危险;

　　(四)宣告缓刑对所居住社区没有重大不良影响。

　　宣告缓刑,可以根据犯罪情况,同时禁止犯罪分子在缓刑考验期限内从事特定活动,进入特定区域、场所,接触特定的人。

　　被宣告缓刑的犯罪分子,如果被判处附加刑,附加刑仍须执行。

　　《刑法》第七十三条:拘役的缓刑考验期限为原判刑期以上一年以下,但是不能少于二个月。

　　有期徒刑的缓刑考验期限为原判刑期以上五年以下,但是不能少于一年。

　　缓刑考验期限,从判决确定之日起计算。

　　《刑法》第七十四条:对于累犯和犯罪集团的首要分子,不适用缓刑。

122 犯罪行为没有被公安、司法机关发现,经过多长时间就不再追诉了?

这个问题实际上就是追诉时效问题。追诉时效是指依照法律规定对犯罪分子追究刑事责任的有效期限。在法定的追诉期限内,司法机关有权依法追究犯罪分子的刑事责任;超过法定的追诉时效,不应再追究犯罪分子的刑事责任,已经追究的,应当撤销案件或者不起诉或者终止审理。我国《刑法》针对不同的犯罪行为分别规定了四种不同的追诉期限:

(一)法定最高刑为不满五年有期徒刑的,经过五年。就是说《刑法》对该犯罪分子所犯罪行规定的刑罚,最高不超过五年有期徒刑的,在五年之内没有追究刑事责任的,不再追究。

(二)法定最高刑为五年以上不满十年有期徒刑的,经过十年。

(三)法定最高刑为十年以上有期徒刑的,经过十五年。

(四)法定最高刑为无期徒刑、死刑的,经过二十年。如果二十年以后认为必须追诉的,须报请最高人民检察院核准。

在理解追诉时效时应当注意,在人民检察院、公安机关、国家安全机关立案侦查或者在人民法院受理案件以后,逃避侦查或者审判的,不受追诉期限的限制。另外,被害人在追诉期限内提出控告,人民法院、人民检察院、公安机关应当立案而不予立案的,也不受追诉期限的限制。

《刑法》第八十七条:犯罪经过下列期限不再追诉:
(一)法定最高刑为不满五年有期徒刑的,经过五年;
(二)法定最高刑为五年以上不满十年有期徒刑的,经过十年;
(三)法定最高刑为十年以上有期徒刑的,经过十五年;
(四)法定最高刑为无期徒刑、死刑的,经过二十年。如果二十年以后认为必须追诉的,须报请最高人民检察院核准。

123 刑法中所规定的国家工作人员包括哪些人？

按照《刑法》的规定，国家工作人员是指国家机关中从事公务的人员。国家机关是指国家的权力机关、行政机关、司法机关以及军事机关。从事公务的人员是指在上述国家机关中行使一定职权、履行一定职务的人员。在上述国家机关中从事劳务性工作的人员，如司机、门卫、炊事员、清洁工等勤杂人员以及部队战士等，不属于国家工作人员范畴。

另外，按照《刑法》的规定，以下三类人员以国家工作人员论：(1) 在国有公司、企业、事业单位、人民团体中从事公务的人员。即在公司、企业等单位中具有经营、管理职责，或履行一定职务的人员，在公司、企业等上述单位中不具有管理职责的一般工人、临时工等其他勤杂人员，不属于本条规定的从事公务的人员。(2) 国家机关、国有公司、企业、事业单位委派到非国有公司、企业、事业单位、社会团体从事公务的人员。委派是指在一些具有国有资产成分的中外合资企业、合作企业、股份制企业当中，国有公司、企业或其他有关国有单位为了行使对所参与的国有资产的管理权，而派驻的管理人员。这里也包括有的国家机关、国有事业单位委派一些人员到非国有事业单位、社会团体中从事公务的人员。(3) 其他依照法律从事公务的人员，这些人虽不是上述单位的人员，但依照法律规定从事国家事务工作的人员。

按照2001年全国人大常委会专门对《刑法》第九十三条规定的"依照法律从事公务的人员"的立法解释，村民委员会等村基层组织人员协助人民政府从事下列行政管理工作，属于《刑法》第九十三条第二款规定的"其他依照法律从事公务的人员"：(1) 救灾、抢险、防汛、优抚、扶贫、移民、救济款物的管理；(2) 社会捐助公益事业的款物的管理；(3) 国有土地的经营和管理；(4) 土地征用补偿费用的管理；(5) 代征、代缴税款；(6) 有关计划生育、户籍、征兵工作；(7) 协助人民政府从事其他行政管理工作。

《刑法》第九十三条：本法所称国家工作人员，是指国家机关中从事公务的人员。

国有公司、企业、事业单位、人民团体中从事公务的人员和国家机关、国有公司、企业、事业单位委派到非国有公司、企业、事业单位、社会团体从事公务的人员，以及其他依照法律从事公务的人员，以国家工作人员论。

124 什么是告诉才处理的犯罪？

告诉才处理的犯罪是指只有被害人向人民法院提出控告，要求对犯罪人追究刑事责任时，人民法院才能受理，如果有权进行告诉的人不告诉，法院则不能受理。根据《刑法》分则的规定，五种犯罪属于告诉才处理的犯罪，即第二百四十六条侮辱、诽谤罪，第二百五七条暴力干涉婚姻自由罪，第二百六十条虐待家庭成员罪，第二百七十条侵占罪。

根据《刑法》的规定，有权进行告诉的有三种人：(1)告诉才处理的刑事案件的被害人。(2)人民检察院在被害人因受强制、威吓而无法告诉的情况下可以告诉。受强制是指被害人受到暴力的控制，如非法拘禁等；威吓是指被害人受到威胁、恐吓，不敢向人民法院提出控告。(3)告诉才处理的刑事案件中被害人的近亲属。即在被害人因受强制、威吓而无法告诉的情况下，他们也可以告诉。按照《刑事诉讼法》的规定，被害人的近亲属是指被害人的父母、子女、配偶、同胞兄弟姊妹。

《刑法》第九十八条：本法所称告诉才处理，是指被害人告诉才处理。如果被害人因受强制、威吓无法告诉的，人民检察院和被害人的近亲属也可以告诉。

125 什么是背叛国家罪,如何认定和处罚?

背叛国家罪是指中国公民勾结外国,危害国家的主权、领土完整和安全的行为。背叛国家罪的构成要件或特征有以下几方面:

(一)本罪侵犯的客体是中华人民共和国领土完整和安全。

(二)在客观方面表现为勾结外国或者境外机构、组织、个人,危害国家主权、领土完整和安全的行为。

(三)主体只能是具有中华人民共和国国籍的人,即中国公民。外国人不能成为本罪的主体,但可以成为本罪的共犯。能够成为本罪主体的中国公民,主要是那些混入中国党、政、军机关内部,窃据要职、掌握重要权力的人或者有重大政治影响的人。普通公民一般情况下很难危害到国家的主权、领土完整和安全,但由于本法并未规定本罪主体必须具有特殊身份,普通公民也可以成为本罪的主体。

(四)在主观方面表现为故意,即明知自己勾结外国、境外机构、组织、个人实施的行为危害中国的主权、领土完整和安全,而希望或者放任这种危害后果的发生。

犯本罪的,处无期徒刑或者十年以上有期徒刑。根据本法第五十六条和第一百一十三条的规定,犯本罪的,应当附加剥夺政治权利,可以并处没收财产。对国家和人民危害特别严重、情节特别恶劣的,可以判处死刑。

《刑法》第一百零二条:勾结外国,危害中华人民共和国的主权、领土完整和安全的,处无期徒刑或者十年以上有期徒刑。

与境外机构、组织、个人相勾结,犯前款罪的,依照前款的规定处罚。

《刑法》第五十六条:对于危害国家安全的犯罪分子应当附加剥夺政治权利;对于故意杀人、强奸、放火、爆炸、投毒、抢劫等严重破坏社会秩序的犯罪分子,可以附加剥夺政治权利。

独立适用剥夺政治权利的,依照本法分则的规定。

《刑法》第一百一十三条：本章上述危害国家安全罪行中，除第一百零三条第二款、第一百零五条、第一百零七条、第一百零九条外，对国家和人民危害特别严重、情节特别恶劣的，可以判处死刑。

犯本章之罪的，可以并处没收财产。

126 什么是武装叛乱、暴乱罪，如何认定和处罚？

武装叛乱、暴乱罪是指组织、策划、实施武装叛乱或者武装暴乱的行为。本罪的构成要件或者特征有以下几方面：

（一）本罪侵犯的客体是国家安全，即人民民主专政的政权和社会主义制度。

（二）本罪在客观方面表现为组织、策划、实施武装叛乱或者武装暴乱的行为。组织是指为武装叛乱、暴乱而安排分散的人使之具有一定的系统性和整体性。策划是指为武装叛乱、暴乱而暗中密谋、筹划，是一种犯罪预备状态。实施是指已经着手，正式开始实行武装叛乱、暴乱的活动。武装叛乱是指行为人使用枪炮或其他军事武器、装备等武装形式，以投靠或意图投靠境外的组织或敌对势力而公开进行反叛国家和政府的行为。武装暴乱是指行为人采取如携带或使用枪炮或其他武器等武装形式进行杀人放火，破坏道路桥梁，抢劫档案、军火或其他设施、物资，破坏社会秩序等。

（三）本罪的犯罪主体为一般主体。凡达到法定刑事责任年龄，且具有刑事责任能力的自然人均能构成本罪。中国人、外国人、无国籍人都可能成为这两种犯罪的主体。

（四）本罪在主观方面表现为直接故意，且以危害国家安全为目的。

按照《刑法》的规定，组织、策划、实施武装叛乱或者武装暴乱的，对首要分子或者罪行重大的，处无期徒刑或者十年以上有期徒刑；对积极参加的，处三年以上十年以下有期徒刑；对其他参加的，处三年以下有期徒刑、拘役、管制或者剥夺政治权利。

法条链接

《刑法》第一百零四条：组织、策划、实施武装叛乱或者武装暴乱的，对首要分子或者罪行重大的，处无期徒刑或者十年以上有期徒刑；对积极参加的，处三年以上十年以下有期徒刑；对其他参加的，处三年以下有期徒刑、拘役、管制或者剥夺政治权利。

策动、胁迫、勾引、收买国家机关工作人员、武装部队人员、人民警察、民兵进行武装叛乱或者武装暴乱的，依照前款的规定从重处罚。

127 什么是叛逃罪，如何认定和处罚？

叛逃罪是指国家机关工作人员在履行公务期间，擅离岗位，叛逃境外或者在境外叛逃，危害中华人民共和国国家安全的行为。叛逃罪的构成要件或者特征阐述如下：

（一）本罪侵犯的客体是中华人民共和国的国家安全和利益。

（二）本罪在客观方面表现为国家机关工作人员在履行公务期间，擅离岗位，叛逃境外或者在境外叛逃的行为。

（三）本罪的犯罪主体为特殊主体，是国家机关工作人员以及掌握国家秘密的国家工作人员。国家机关工作人员，是指在国家机关，包括国家权力机关、行政机关、审判机关、检察机关中依照法律从事公务的人员（军人叛逃的构成军人违反职责罪）。

（四）本罪在主观方面表现为直接故意，即明知自己的叛逃行为会发生危害国家安全的结果，并且希望或者放任这种结果发生。

犯本罪的，处五年以下有期徒刑、拘役、管制或者剥夺政治权利；情节严重的，处五年以上十年以下有期徒刑。

法条链接

《刑法》第一百零九条：国家机关工作人员在履行公务期间，擅离岗

位,叛逃境外或者在境外叛逃,处五年以下有期徒刑、拘役、管制或者剥夺政治权利;情节严重的,处五年以上十年以下有期徒刑。

掌握国家秘密的国家工作人员叛逃境外或者在境外叛逃的,依照前款的规定从重处罚。

128 什么是间谍罪,如何认定和处罚?

间谍罪是指参加间谍组织或者接受间谍组织及其代理人的任务,或者为敌人指示轰击目标,危害国家安全的行为。该罪的构成要件或者特征有以下几方面:

(一)本罪侵犯的客体是国家安全。

(二)本罪在客观方面表现为参加间谍组织或接受间谍组织及其代理人的任务,或者为敌人指示轰击目标的行为。所谓"间谍组织",主要是指外国政府建立的旨在策反我国公职人员,向中国国家机构和各种组织进行渗透、窃取、刺探、收买、非法提供国家秘密和情报,进行颠覆和破坏活动的组织。参加间谍组织,是指行为人履行一定的加入手续(如挑选、登记、专门训练等),或者在非常情况下虽未按常规正式加入,但事实上已作为该间谍组织的成员进行活动。接受间谍组织及其代理人的任务,是指行为人受间谍组织(不管其是否正式加入)及其代理人的命令、派遣、指使、委托为间谍组织服务,进行危害国家安全的活动。

(三)本罪的犯罪主体,是达到刑事责任年龄、具有刑事责任能力的自然人,可以是中国公民,也可以是外国人或无国籍人。法人不能成为间谍罪的犯罪主体。

(四)本罪在主观方面表现为故意,其故意的内容表现为行为人明知是间谍组织而参加,或者明知是间谍组织及其代理人的任务等而予以接受。至于行为人的动机,可以是多种多样的,有的出于图财,有的出于贪恋美色,有的出于贪生怕死,有的出于推翻人民民主专政的政权和社会主义制度等。犯罪动机和目的不影响该罪的成立。

按照《刑法》的规定,犯本罪的,处十年以上有期徒刑或者无期徒刑;情节较轻的,即没有对国家安全造成较大危害的,处三年以上十年以下有期徒刑。同时,根据《刑法》第一百一十三条的规定,构成本罪,对国家和人民危害特别严重、情节特别恶劣的,可以判处死刑。构成本罪,还可以并处没收财产。

《刑法》第一百一十条:有下列间谍行为之一,危害国家安全的,处十年以上有期徒刑或者无期徒刑;情节较轻的,处三年以上十年以下有期徒刑:

(一)参加间谍组织或者接受间谍组织及其代理人的任务的;

(二)为敌人指示轰击目标的。

《刑法》第一百一十三条:本章上述危害国家安全罪行中,除第一百零三条第二款、第一百零五条、第一百零七条、第一百零九条外,对国家和人民危害特别严重、情节特别恶劣的,可以判处死刑。

犯本章之罪的,可以并处没收财产。

129 什么是交通肇事罪,如何认定和处罚?

交通肇事罪是指违反交通运输管理法规,因而发生重大事故,致人重伤、死亡或者使公私财产遭受重大损失的行为。本罪的构成要件或特征解读如下:

(一)本罪侵犯的客体是交通运输安全。

(二)本罪在客观方面表现为行为人在交通运输活动中违反交通运输管理法规,因而发生重大事故,致人重伤、死亡或者使公私财产遭受重大损失的行为。具体表现为:(1)有违反交通运输管理法规的行为,在交通运输中实施了违反交通运输管理法规的行为;(2)发生重大事故,致人重伤、死亡或者使公私财产遭受重大损失的严重后果;(3)严重后果必须由违章行为引起,二者之间存在因果关系;(4)违反规章制度,致人重伤、

死亡或者使公私财产遭受重大损失的行为,必须发生在从始发车站、码头、机场准备载人装货至终点车站、码头、机场旅客离去、货物卸完的整个交通运输活动过程中。

(三)本罪的犯罪主体为一般主体。即凡年满十六周岁、具有刑事责任能力的自然人均可成为本罪的犯罪主体。

(四)本罪在主观方面表现为过失。即行为人在违反规章制度上可能是明知故犯,如酒后驾车、超速行驶等,但对自己的违章行为可能发生重大事故,造成严重后果,应当预见而因疏忽大意,没有预见,或者虽已预见,但轻信能够避免,以致造成了严重后果。

按照《刑法》的规定,犯交通肇事罪的,处三年以下有期徒刑或者拘役。交通运输肇事后逃逸或者有其他特别恶劣情节的,处三年以上七年以下有期徒刑。因逃逸致人死亡的,处七年以上有期徒刑。

《刑法》第一百三十三条:违反交通运输管理法规,因而发生重大事故,致人重伤、死亡或者使公私财产遭受重大损失的,处三年以下有期徒刑或者拘役;交通运输肇事后逃逸或者有其他特别恶劣情节的,处三年以上七年以下有期徒刑;因逃逸致人死亡的,处七年以上有期徒刑。

130 如何认定交通肇事逃逸?

按照《最高人民法院关于审理交通肇事刑事案件具体应用法律若干问题的解释》第三条的规定,所谓"交通运输肇事后逃逸",就是行为人在交通运输肇事中具有以下情形并因逃避法律追究而逃跑的行为:

(一)死亡一人或者重伤三人以上,负事故全部或者主要责任的。

(二)死亡三人以上,负事故同等责任的。

(三)造成公共财产或者他人财产直接损失,负事故全部或者主要责任,无能力赔偿数额在三十万元以上的。

(四)酒后、吸食毒品后驾驶机动车辆致一人以上重伤,负事故全部或者主要责任的。

(五)无驾驶资格驾驶机动车辆致一人以上重伤,负事故全部或者主要责任的。

(六)明知是安全装置不全或者安全机件失灵的机动车辆而驾驶致一人以上重伤,负事故全部或者主要责任的。

(七)明知是无牌证或者已报废的机动车辆而驾驶致一人以上重伤,负事故全部或者主要责任的。

(八)严重超载驾驶致一人以上重伤,负事故全部或者主要责任的。

131 什么是危险驾驶罪,如何认定和处罚?

危险驾驶罪是指在道路上驾驶机动车追逐竞驶,情节恶劣,或者在道路上醉酒驾驶机动车的行为。危险驾驶罪是《刑法修正案(八)》新增的罪名。本罪的构成要件或特征解读如下:

(一)本罪侵犯的客体是公共安全。即危及到公共安全,给公共安全带来了潜在的危险,对不特定且多数人的生命、身体或者财产构成威胁。

(二)本罪在客观方面表现为在道路上醉酒驾驶机动车或者在道路上驾驶机动车追逐竞驶,且情节恶劣的行为。按照相关规定,醉驾的标准是:车辆驾驶人员血液中的酒精含量大于或者等于80mg/100mL的驾驶行为。在道路上驾驶机动车者100毫升血液中酒精含量达到20~80毫克即为酒后驾车,80毫克以上认定为醉酒驾车。

(三)本罪的犯罪主体为一般主体。即凡年满十六周岁、具有刑事责任能力的自然人均可成为本罪的犯罪主体。

(四)本罪在主观方面表现为故意。即明知自己在道路上醉酒驾驶机动车或者在道路上驾驶机动车追逐竞驶的行为危害到公共安全而希望或放任这种状态的发生。

按照《刑法》的规定,构成本罪的,处六个月以下的拘役,并处罚金。

刑法篇

《刑法》第一百三十三条：……在道路上驾驶机动车,有下列情形之一的,处拘役,并处罚金：

（一）追逐竞驶,情节恶劣的；

（二）醉酒驾驶机动车的。……

132 危险驾驶罪和交通肇事罪有哪些区别？

根据刑法规定和刑法原理,危险驾驶罪和交通肇事罪的区别在于：

（一）主观方面不同。危险驾驶罪在主观方面表现为故意,即明知自己在道路上醉酒驾驶机动车或者在道路上驾驶机动车追逐竞驶的行为危害到公共安全,而希望或放任这种状态的发生。而交通肇事罪在主观方面则表现为过失。

（二）客观方面不同。危险驾驶罪在客观方面表现为在道路上醉酒驾驶机动车或者在道路上驾驶机动车追逐竞驶,且情节恶劣的行为。而交通肇事罪在客观方面则表现为行为人在交通运输活动中违反交通运输管理法规,因而发生重大事故,致人重伤、死亡或者使公私财产遭受重大损失的行为。

（三）出现的危害结果不同。危险驾驶罪是行为犯或者情节犯,即只要行为人有醉驾或追逐竞驶的行为且情节恶劣,犯罪就成立,并不要求造成实际的危害结果。而交通肇事罪则要求造成重大事故,致人重伤、死亡或者使公私财产遭受重大损失。

（四）量刑不同。危险驾驶罪是一种较轻的犯罪,因为毕竟没有发生危害后果,所以,危险驾驶罪的法定最高刑是六个月拘役。而交通肇事罪指的是开车故意在公共场所横冲直撞的一种罪名,造成严重后果的行为。它们的法定刑明显高于危险驾驶罪,交通肇事罪的最高刑为七年以上有期徒刑。

133 什么是大型群众性活动重大安全事故罪,如何认定和处罚?

大型群众性活动重大安全事故罪是指在生产、作业中违反有关安全管理规定,因而发生重大伤亡事故或者造成其他严重后果的行为。本罪的构成要件或特征解读如下:

(一)本罪侵犯的客体是公众活动场所的公共安全。

(二)本罪在客观方面表现为在举办大型群体性活动时,违反在公共场所群体性活动中相关的安全管理规定,没有履行相关的注意、管理等义务,发生重大伤亡事故或者造成其他严重后果的行为。

(三)本罪的犯罪主体是对发生大型群众性活动重大安全事故直接负责的主管人员和其他直接责任人员。

(四)本罪在主观方面表现为过失。即行为人应该预见到自己在大型群众性活动中违反安全管理规定的行为,可能会造成重大伤亡事故或者其他严重后果,因疏忽大意而没有预见,或虽然已经预见,但轻信能够避免,从而造成危害结果的发生。

根据《刑法》的规定,犯本罪的,对直接负责的主管人员和其他直接责任人员,处三年以下有期徒刑或者拘役;情节特别恶劣的,处三年以上七年以下有期徒刑。

《刑法》第一百三十五条:……举办大型群众性活动违反安全管理规定,因而发生重大伤亡事故或者造成其他严重后果的,对直接负责的主管人员和其他直接责任人员,处三年以下有期徒刑或者拘役;情节特别恶劣的,处三年以上七年以下有期徒刑。

134 什么是生产、销售伪劣产品罪,如何认定和处罚?

生产、销售伪劣产品罪,指生产者、销售者故意在产品中掺杂、掺假,

以假充真,以次充好或者以不合格产品冒充合格产品,销售金额五万元以上的行为。本罪的构成要件或特征解读如下:

(一)本罪侵犯的客体是复杂客体,包括国家有关产品质量、工商行政的管理制度和消费者的合法权益。犯罪对象是伪劣产品,根据《中华人民共和国产品质量法》的有关规定,具体表现形式包括:(1)在产品中掺杂、掺假,以假充真,以次充好,以不合格产品冒充合格产品,致使产品不符合产品质量标准的;(2)伪造产地或者伪造或者冒用他人的厂名、厂址的;(3)伪造或者冒用认证标志、名优标志等质量标志的;(4)属于国家明令规定的淘汰产品的;(5)伪造检验数据或者检验结论的;(6)无检验合格证或无有关单位允许销售的证明的;(7)产品或其包装不符合要求的;(8)失效、变质的等。

(二)本罪在客观方面表现为违反国家产品质量监督管理法规,故意在产品中掺杂、掺假,以假充真,以次充好或者以不合格产品冒充合格产品,销售金额在五万元以上的行为。具体表现为:(1)掺杂、掺假,即在生产、销售的产品中掺入与原产品并不同类的杂物,或者掺入其他不符合原产品质量的假产品。如在芝麻油中掺菜籽油等。(2)以假充真,即生产者、销售者将伪造的产品冒充真正的产品,主要表现为生产、销售的产品名称与实际名称不符,或者原材料名称、产品所含成分与产品的实际名称、成分不符。(3)以次充好,即以质量次的产品冒充质量好的产品。主要表现为以次品冒充正品,以等次低的产品冒充等次高的产品,以旧产品冒充新产品等。(4)以不合格的产品冒充合格产品,主要表现为将没有达到国家标准、行业标准的产品冒充达到国家标准、行业标准的产品,将超过使用期限的产品冒充没有超过使用期限的产品等。

(三)本罪的犯罪主体是生产者、销售者。

(四)本罪在主观方面表现为直接故意,即故意以"假、劣"冒充"真、好"。

按照《刑法》的规定,犯本罪的,依其销售金额定其刑事责任,具体处罚标准为:

(一)销售金额五万元以上不满二十万元的,处二年以下有期徒刑或者拘役,并处或者单处销售金额百分之五十以上二倍以下罚金。

(二)销售金额二十万元以上不满五十万元的,处二年以上七年以下有期徒刑,并处销售金额百分之五十以上二倍以下罚金。

(三)销售金额五十万元以上不满二百万元的,处七年以上有期徒刑,并处销售金额百分之五十以上二倍以下罚金。

(四)销售金额二百万元以上的,处十五年有期徒刑或者无期徒刑,并处销售金额百分之五十以上二倍以下罚金或者没收财产。

《刑法》第一百四十条:生产者、销售者在产品中掺杂、掺假,以假充真,以次充好或者以不合格产品冒充合格产品,销售金额五万元以上不满二十万元的,处二年以下有期徒刑或者拘役,并处或者单处销售金额百分之五十以上二倍以下罚金;销售金额二十万元以上不满五十万元的,处二年以上七年以下有期徒刑,并处销售金额百分之五十以上二倍以下罚金;销售金额五十万元以上不满二百万元的,处七年以上有期徒刑,并处销售金额百分之五十以上二倍以下罚金;销售金额二百万元以上的,处十五年有期徒刑或者无期徒刑,并处销售金额百分之五十以上二倍以下罚金或者没收财产。

135 什么是生产、销售假药罪,如何认定和处罚?

生产、销售假药罪是指行为人违反国家药品管理法规,生产、销售假药,足以危害人体健康的行为。本罪的构成要件和特征解读如下:

(一)本罪侵犯的客体是复杂客体,既侵犯了国家对药品的管理制度,又侵犯了不特定多数人的身体健康权利。

(二)本罪在客观方面表现为生产者、销售者违反国家药品管理法律、法规,生产、销售假药的行为。假药是指依照《中华人民共和国药品管理法》的规定属于假药和按假药处理的药品、非药品。生产假药的行为表现为一切制造、加工、采集、收集假药的活动。销售假药的行为是指一切有偿提供假药的行为。

（三）本罪的犯罪主体为自然人和单位,表现为假药的生产者和销售者两类人。生产者即药品的制造、加工、采集、收集者,销售者即药品的有偿提供者。

（四）本罪在主观方面表现为故意。即认识到假药足以危害人体健康而对此持希望或放任的态度;在销售领域必须具有明知是假药而售卖的心理状态,对不知道是假药而销售的不构成销售假药罪。

按照《刑法》的规定,犯本罪的,处三年以下有期徒刑或者拘役,并处罚金;对人体健康造成严重危害或者有其他严重情节的,处三年以上十年以下有期徒刑,并处罚金;致人死亡或者有其他特别严重情节的,处十年以上有期徒刑、无期徒刑或者死刑,并处罚金或者没收财产。

如果单位犯生产、销售假药罪的,对单位判处罚金,并对其直接负责的主管人员和其他直接责任人员,按个人犯生产、销售假药罪的法定刑处罚。

法条链接

《刑法》第一百四十一条:生产、销售假药的,处三年以下有期徒刑或者拘役,并处罚金;对人体健康造成严重危害或者有其他严重情节的,处三年以上十年以下有期徒刑,并处罚金;致人死亡或者有其他特别严重情节的,处十年以上有期徒刑、无期徒刑或者死刑,并处罚金或者没收财产。

本条所称假药,是指依照《中华人民共和国药品管理法》的规定属于假药和按假药处理的药品、非药品。

136 什么是生产、销售劣药罪,如何认定和处罚?

生产、销售劣药罪是指违反国家药品管理法规生产、销售劣药,对人体健康造成严重危害的行为。本罪的构成要件或特征解读如下:

（一）本罪侵犯的客体是复杂客体，既侵犯了国家对药品的管理制度，又侵犯了公民的健康权利。

（二）本罪在客观方面表现为生产、销售劣药，对人体健康造成严重危害的行为。对人体健康造成严重危害是指造成用药人残疾或者其他严重后遗症，或因服用劣药延误治疗，致使病情加重而引起危害、死亡等严重后果。

（三）本罪的犯罪主体是一般主体，既包括自然人，也包括单位。

（四）本罪在主观方面表现为故意。即行为人明知其生产或销售的是劣药而且其生产或销售劣药的行为可能会对人体健康造成严重危害的结果，或者行为人对上述危害结果的发生采取放任的态度，即本罪只能由间接故意构成。

按照《刑法》的规定，犯本罪，对人体健康造成严重危害的，处三年以上十年以下有期徒刑，并处销售金额百分之五十以上二倍以下罚金；后果特别严重的，处十年以上有期徒刑或者无期徒刑，并处销售金额百分之五十以上二倍以下罚金或者没收财产。单位犯本罪的，实行双罚制，即对单位判处罚金，并对其直接负责的主管人员和其他直接责任人员，按照上述规定处罚。

《刑法》第一百四十二条：生产、销售劣药，对人体健康造成严重危害的，处三年以上十年以下有期徒刑，并处销售金额百分之五十以上二倍以下罚金；后果特别严重的，处十年以上有期徒刑或者无期徒刑，并处销售金额百分之五十以上二倍以下罚金或者没收财产。

137 什么是生产、销售伪劣农药、兽药、化肥、种子罪，如何认定和处罚？

生产、销售伪劣农药、兽药、化肥、种子罪指的是生产假农药、假兽药、假化肥,销售明知是假的或者失去使用效能的农药、兽药、化肥、种子,或者生产者、销售者以不合格的农药、兽药、化肥、种子冒充合格的农药、兽药、化肥、种子,使生产遭受较大损失的行为。本罪的构成要件或特征解读如下:

(一)本罪侵犯的客体是国家对农用生产资料质量的监督管理制度和农业生产。犯罪对象是农药、兽药、化肥、种子。

(二)本罪在客观方面表现为违反农、林、牧、渔等生产管理法规,生产及销售伪劣农药、兽药、化肥、种子等农用生产资料,致使生产遭受较大损失的行为。其具体表现形式为:一是生产假农药、假兽药、假化肥;二是销售假的或者失去使用效能的农药、兽药、化肥、种子;三是以不合格的农药、兽药、化肥和种子冒充合格的农药、兽药、化肥和种子。由于本罪是结果犯,因此,如果只有生产、销售行为而没有危害结果,或者虽有危害结果,但致使生产损失没有达到较大程度,也不能构成本罪。

(三)本罪的犯罪主体为一般主体。即达到刑事责任年龄、具有刑事责任能力的自然人均可构成本罪。单位也可以构成本罪的犯罪主体。

(四)本罪在主观方面表现为故意。即故意生产假农药、假兽药、假化肥;或者明知是假的或失去使用效能的农药、兽药、化肥、种子而故意予以销售;或者故意以不合格的农药、兽药、化肥、种子冒充合格的农药、兽药、化肥、种子。

关于本罪的立案标准问题,按照最高人民检察院、公安部《关于公安机关管辖的刑事案件立案追诉标准的规定(一)》第二十三条规定,生产假农药、假兽药、假化肥,销售明知是假的或者失去使用效能的农药、兽药、化肥、种子,或者生产者、销售者以不合格的农药、兽药、化肥、种子冒充合格的农药、兽药、化肥、种子,涉嫌下列情形之一的,应予立案追诉:(1)使生产遭受损失二万元以上的;(2)其他使生产遭受较大损失的情形。

根据最高人民法院、最高人民检察院《关于办理生产、销售伪劣商品刑事案件具体应用法律若干问题的解释》第七条的规定,《刑法》第一百四十七条规定的生产、销售伪劣农药、兽药、化肥、种子罪中"使生产遭受较大损失",一般以二万元为起点;"重大损失",一般以十万元为起点;"特别重大损失",一般以五十万元为起点。

在本罪的处罚标准上,按照《刑法》的规定,使生产遭受较大损失的,处三年以下有期徒刑或者拘役,并处或者单处销售金额百分之五十以上二倍以下罚金;使生产遭受重大损失的,处三年以上七年以下有期徒刑,并处销售金额百分之五十以上二倍以下罚金;使生产遭受特别重大损失的,处七年以上有期徒刑或者无期徒刑,并处销售金额百分之五十以上二倍以下罚金或者没收财产。

《刑法》第一百四十七条:生产假农药、假兽药、假化肥,销售明知是假的或者失去使用效能的农药、兽药、化肥、种子,或者生产者、销售者以不合格的农药、兽药、化肥、种子冒充合格的农药、兽药、化肥、种子,使生产遭受较大损失的,处三年以下有期徒刑或者拘役,并处或者单处销售金额百分之五十以上二倍以下罚金;使生产遭受重大损失的,处三年以上七年以下有期徒刑,并处销售金额百分之五十以上二倍以下罚金;使生产遭受特别重大损失的,处七年以上有期徒刑或者无期徒刑,并处销售金额百分之五十以上二倍以下罚金或者没收财产。

138 什么是组织、领导传销活动罪,如何认定和处罚?

组织、领导传销活动罪是指组织、领导以推销商品、提供服务等经营活动为名,要求参加者以缴纳费用或者购买商品、服务等方式获得加入资格,并按照一定顺序组成层级,直接或者间接以发展人员的数量作为计酬或者返利依据,引诱、胁迫参加者继续发展他人参加,骗取财物,扰乱经济社会秩序的传销活动的行为。本罪的构成要件或特征解读如下:

(一)本罪侵犯的客体为复杂客体。既侵犯了公民的财产所有权,又侵犯了市场经济秩序和社会管理秩序。

(二)本罪在客观方面表现为违反国家规定,组织、从事传销活动,扰乱市场秩序,情节严重的行为。

(三)本罪的犯罪主体是一般主体。即达到刑事责任年龄、具有刑事责任能力的自然人均能构成本罪。对专门从事传销行为的公司,依照司法解释的规定,不以单位犯罪论处,而对其组织者和主要参与人以自然人犯罪定罪处罚。

(四)本罪在主观方面表现为故意。即行为人明知自己实施传销行为是国家法规所禁止的,但为达到非法牟利的目的,仍然实施这种行为,且对危害结果的发生持希望和积极追求的态度。

在本罪的立案标准上,按照最高人民检察院、公安部《关于公安机关管辖的刑事案件立案追诉标准的规定(二)》第七十八条的规定,组织、领导以推销商品、提供服务等经营活动为名,要求参加者以缴纳费用或者购买商品、服务等方式获得加入资格,并按照一定顺序组成层级,直接或者间接以发展人员的数量作为计酬或者返利依据,引诱、胁迫参加者继续发展他人参加,骗取财物,扰乱经济社会秩序的传销活动,涉嫌组织、领导的传销活动人员在三十人以上且层级在三级以上的,对组织者、领导者,应予立案追诉。

本条所指的传销活动的组织者、领导者,是指在传销活动中起组织、领导作用的发起人、决策人、操纵人,以及在传销活动中担负策划、指挥、布置、协调等重要职责,或者在传销活动实施中起到关键作用的人员。

在本罪的处罚标准上,按照《刑法》的规定,犯本罪的,处五年以下有期徒刑或者拘役,并处罚金;情节严重的,处五年以上有期徒刑,并处罚金。

《刑法》第二百二十四条:……组织、领导以推销商品、提供服务等经营活动为名,要求参加者以缴纳费用或者购买商品、服务等方式获得加入资格,并按照一定顺序组成层级,直接或者间接以发展人员的数量作为计酬或者返利依据,引诱、胁迫参加者继续发展他人参加,骗取财物,

扰乱经济社会秩序的传销活动的,处五年以下有期徒刑或者拘役,并处罚金;情节严重的,处五年以上有期徒刑,并处罚金。

139 什么是故意杀人罪,如何认定和处罚?

故意杀人罪是指故意地非法剥夺他人生命的行为。本罪的构成要件或特征解读如下:

(一)本罪侵犯的客体是他人的生命权。

(二)本罪在客观方面表现为实施了非法剥夺他人生命的行为,包括以积极作为的方式和消极不作为的方式,具体行为手段多种多样。如果行为人使用放火、爆炸、投毒等危险方法杀害特定的受害人,但这种犯罪行为却危及到不特定多数人的生命、健康或重大公私财产安全的,就不能按照故意杀人罪定罪,而应当按照以危险方法危害公共安全罪论处。另外,行为人如果教唆未达到刑事责任年龄或没有刑事责任能力的人去杀害他人的,对教唆犯应直接以故意杀人罪论处。

(三)本罪的犯罪主体是一般主体。即只要年满十四周岁并且精神正常的人都可以成为本罪的犯罪主体。

(四)本罪在主观方面表现为故意,包括直接故意和间接故意。即明知自己的行为会发生他人死亡的危害后果,并且希望或者放任这种结果的发生。

按照《刑法》的规定,犯本罪的,首先考虑处以死刑、无期徒刑或者十年以上有期徒刑;情节较轻的,处三年以上十年以下有期徒刑。根据司法实践,"情节较轻的"主要包括:(1)义愤杀人;(2)帮助他人自杀的杀人;(3)防卫过当的故意杀人;(4)生父母溺婴;(5)教唆自杀等。

《刑法》第二百三十二条:故意杀人的,处死刑、无期徒刑或者十年以上有期徒刑;情节较轻的,处三年以上十年以下有期徒刑。

140 什么是过失致人死亡罪,如何认定和处罚?

过失致人死亡罪是指行为人因疏忽大意没有预见到或者已经预见到而轻信能够避免造成他人死亡,剥夺他人生命权的行为。本罪的构成要件或特征解读如下:

(一)本罪侵犯的客体是他人的生命权。

(二)本罪在客观方面表现为过失致人死亡的行为。即行为人的过失性行为和受害人死亡之间存在因果关系。

(三)本罪的犯罪主体是一般主体。即年满十六周岁、并具有刑事责任能力的自然人。已满十四周岁不满十六周岁的自然人只能构成故意杀人罪的主体,而不能成为本罪主体。

(四)本罪在主观方面表现为过失,既包括过于自信的过失,也包括疏忽大意的过失。疏忽大意的过失致人死亡与意外事件很相似,区分二者的关键在于要查明行为人在当时情况下,对死亡结果的发生,是否应当预见,如果应当预见,但是由于疏忽大意的过失而没有预见,则属于过失致人死亡。如果是由于不能预见的原因而引起死亡的,就是《刑法》上的意外事件,行为人对此不应负刑事责任。

按照《刑法》的规定,犯本罪的,处三年以上七年以下有期徒刑;情节较轻的,处三年以下有期徒刑。

《刑法》第二百三十三条:过失致人死亡的,处三年以上七年以下有期徒刑;情节较轻的,处三年以下有期徒刑。本法另有规定的,依照规定。

141 什么是故意伤害罪,如何认定和处罚?

故意伤害罪是指侵犯或者损害被害人身体的行为。本罪的构成要件或特征解读如下：

（一）本罪侵犯的客体是他人的身体健康权。

（二）本罪在客观方面表现为实施了非法损害他人身体的行为。具体表现为：(1)要有损害他人身体的行为；(2)损害他人身体的行为必须是非法进行的；(3)损害他人身体的行为必须已对他人人身造成一定程度的损害。

（三）本罪的犯罪主体为一般主体。即达到刑事责任年龄、并具备刑事责任能力的自然人。其中，已满十四周岁不满十六周岁的自然人有故意伤害他人身体，致人重伤或死亡行为的，应当负刑事责任。

（四）本罪在主观方面表现为故意。即行为人明知自己的行为会造成损害他人身体健康的结果，而希望或放任这种结果的发生。

按照《刑法》的规定，故意伤害他人身体的，处三年以下有期徒刑、拘役或者管制；故意伤害他人身体致人重伤的，处三年以上十年以下有期徒刑；故意伤害他人身体，致人死亡或者以特别残忍手段致人重伤造成严重残疾的，处十年以上有期徒刑、无期徒刑或者死刑。

《刑法》第二百三十四条：故意伤害他人身体的，处三年以下有期徒刑、拘役或者管制。

犯前款罪，致人重伤的，处三年以上十年以下有期徒刑；致人死亡或者以特别残忍手段致人重伤造成严重残疾的，处十年以上有期徒刑、无期徒刑或者死刑。本法另有规定的，依照规定。……

142 什么是组织出卖人体器官罪，如何认定和处罚？

组织出卖人体器官罪是指通过策划、指挥、领导、招募、雇佣、强迫、引诱他人实施出卖人体器官，以获得非法利益的行为。本罪的构成要件或特征解读如下：

（一）本罪侵犯的客体是复杂客体。既侵犯了器官出卖者的身体健康权，也破坏了国家有关器官移植的医疗管理秩序。

（二）本罪在客观方面表现为组织他人进行出卖人体器官的行为。组织是指行为人实施领导、策划、控制他人进行其所指定的行为活动。行为组织者通常是以给器官捐献者支付报酬为诱饵，非正当说服他人出卖器官。

（三）本罪的犯罪主体是一般主体。即年满十六周岁、并具有刑事责任能力的自然人。

（四）本罪在主观方面表现为故意。即行为人明知其行为是侵害他人的身体健康并违反国家法律制度，而希望或放任其行为的实施。

按照《刑法》的规定，犯本罪的，处五年以下有期徒刑，并处罚金；情节严重的，处五年以上有期徒刑，并处罚金或者没收财产。

如果组织者未经本人同意摘取其器官，或者摘取不满十八周岁的人的器官，或者强迫、欺骗他人捐献器官的，则应当按照故意伤害罪或故意杀人罪论处。如果组织者违背本人生前意愿摘取其尸体器官，或者本人生前未表示同意，违反国家规定，违背其近亲属意愿摘取其尸体器官的，应当按照侮辱尸体罪论处。

《刑法》第二百三十四条：……组织他人出卖人体器官的，处五年以下有期徒刑，并处罚金；情节严重的，处五年以上有期徒刑，并处罚金或者没收财产。

未经本人同意摘取其器官，或者摘取不满十八周岁的人的器官，或者强迫、欺骗他人捐献器官的，依照本法第二百三十四条、第二百三十二条的规定定罪处罚。

违背本人生前意愿摘取其尸体器官，或者本人生前未表示同意，违反国家规定，违背其近亲属意愿摘取其尸体器官的，依照本法第三百零二条的规定定罪处罚。

《刑法》第三百零二条：盗窃、侮辱、故意毁坏尸体、尸骨、骨灰的，处三年以下有期徒刑、拘役或者管制。

143 什么是过失致人重伤罪,如何认定和处罚?

过失致人重伤罪是指过失伤害他人身体,致人重伤的行为。本罪的构成要件或特征解读如下:

(一)本罪侵犯的客体是他人的身体健康权。

(二)本罪在客观方面表现为给他人身体造成重伤的行为。关于重伤的认定,请参见《刑法》第九十五条的规定。

(三)本罪的犯罪主体是一般主体。即年满十六周岁、并具有刑事责任能力的自然人。

(四)本罪在主观方面表现为过失。包括疏忽大意的过失和过于自信的过失。

按照《刑法》的规定,犯本罪的,处三年以下有期徒刑或者拘役。

《刑法》第二百三十五条:过失伤害他人致人重伤的,处三年以下有期徒刑或者拘役。本法另有规定的,依照规定。

144 什么是强奸罪,如何认定和处罚?

强奸罪是指违背妇女意志,使用暴力、胁迫或者其他手段,强行与妇女发生性交的行为。本罪的构成要件或特征解读如下:

(一)本罪侵犯的客体是妇女不可侵犯的权利,犯罪对象是女性。

(二)本罪在客观方面表现为使用暴力、胁迫或者其他手段,使妇女处于不能反抗、不敢反抗、不知反抗的状态或利用妇女处于不知、无法反抗的状态,进而对受害人实施奸淫的行为。

(三)本罪的犯罪主体为年满十四周岁、具有刑事责任能力的男子。女子不能成为独立的强奸罪的犯罪主体,但妇女教唆或者帮助男子强奸其他妇女的,可以强奸罪的共犯论处。

(四)本罪在主观方面表现为故意,并且具有奸淫的目的。

按照《刑法》的规定,犯本罪的,处三年以上十年以下有期徒刑。犯罪分子具有下列情形之一的,处十年以上有期徒刑、无期徒刑或者死刑:

(一)强奸妇女、奸淫幼女情节恶劣的。

(二)强奸妇女、奸淫幼女多人的。

(三)在公共场所当众强奸妇女的。

(四)二人以上轮奸的。

(五)致使被害人重伤、死亡或者造成其他严重后果的。

在司法实践中,强奸罪中"情节特别严重的"主要包括:(1)强奸妇女、奸淫幼女手段残酷的;(2)强奸妇女、奸淫幼女多人或者多次的;(3)轮奸妇女尤其是轮奸幼女的首要分子;(4)因强奸妇女或者奸淫幼女引起被害人自杀、精神失常以及其他严重后果的;(5)在公共场所劫持并强奸妇女的;(6)多次利用淫秽物品等手段引诱女青年,进行强奸的;(7)以恋爱为幌子多次强奸的等。

需要特别说明的是,根据2015年8月29日第十二届全国人民代表大会常务委员会第十六次会议通过的《刑法修正案(九)》的规定,《刑法》第三百六十条规定的"嫖宿幼女罪"被删除,嫖宿幼女的行为按照强奸罪论处。

《刑法》第二百三十六条:以暴力、胁迫或者其他手段强奸妇女的,处三年以上十年以下有期徒刑。

奸淫不满十四周岁的幼女的,以强奸论,从重处罚。

强奸妇女、奸淫幼女,有下列情形之一的,处十年以上有期徒刑、无期徒刑或者死刑:

(一)强奸妇女、奸淫幼女情节恶劣的;

(二)强奸妇女、奸淫幼女多人的;

(三)在公共场所当众强奸妇女的;

(四)二人以上轮奸的;

(五)致使被害人重伤、死亡或者造成其他严重后果的。

145 什么是强制猥亵、侮辱罪,如何认定和处罚?

强制猥亵、侮辱罪是根据2015年8月29日第十二届全国人民代表大会常务委员会第十六次会议通过的《刑法修正案(九)》的规定而修正的一项罪名,即取消了原来强制猥亵、侮辱妇女罪的罪名。它是指以暴力、胁迫或者其他方法,强制猥亵他人或者侮辱妇女的行为。本罪的构成要件或特征解读如下:

(一)本罪侵犯的客体是他人的身体自由权和隐私权、名誉权。强制猥亵的对象既包括男性,也包括女性,但只限于年满十四周岁的人;猥亵不满十四周岁的男女儿童,构成猥亵儿童罪。

(二)本罪在客观方面表现为以暴力、胁迫或者其他方法强制猥亵他人,或者侮辱妇女的行为。暴力是指对被害人的人身采取殴打、捆绑、堵嘴、掐脖子、按倒等侵害人身安全或者人身自由的强暴方法,使被害人不能反抗。胁迫是指对被害人采取威胁、恐吓等方法实行精神上的强制,使其不能反抗。猥亵是指除奸淫以外的抠摸、舌舔、吸吮、亲吻、搂抱、手淫等行为。侮辱妇女,是指用下流动作或淫秽语言调戏妇女的行为。

(三)本罪的犯罪主体为一般主体。即达到刑事责任年龄、并具备刑事责任能力的自然人。

(四)本罪在主观方面表现为故意,并具有刺激或者满足行为人性欲的倾向,但并不具有强行奸淫的目的。

犯本罪的,处五年以下有期徒刑或者拘役,聚众或者在公共场所当众强制猥亵他人或者侮辱妇女的,处五年以上有期徒刑。"聚众",一般是指聚集三人以上在"公共场所""当众"。

《刑法》第二百三十七条:以暴力、胁迫或者其他方法强制猥亵他人或者侮辱妇女的,处五年以下有期徒刑或者拘役。

聚众或者在公共场所当众犯前款罪的,或者有其他恶劣情节的,处五年以上有期徒刑。

猥亵儿童的,依照前两款的规定从重处罚。

146 什么是非法拘禁罪,如何认定和处罚?

非法拘禁罪是指以拘押、禁闭或者其他强制方法,非法剥夺他人人身自由的行为。本罪的构成要件或特征解读如下:

(一)本罪侵犯的客体是公民的人身自由权。

(二)本罪在客观方面表现为非法剥夺他人身体自由,而且这种非法行为是一种持续行为,即该行为在一定时间内处于继续状态,使他人在一定时间内失去身体自由,不具有间断性。时间持续的长短不影响非法拘禁罪的成立,只影响量刑。当然,如果时间过短、瞬间性地剥夺人身自由的行为,则不能认定为非法拘禁罪。

(三)本罪的犯罪主体为一般主体。即达到刑事责任年龄、并具备刑事责任能力的自然人。

(四)本罪在主观方面表现为故意,并以剥夺他人人身自由为目的。

按照《刑法》的规定,犯本罪的,处三年以下有期徒刑、拘役、管制或者剥夺政治权利;如果行为人具有殴打、侮辱情节的,则应当从重处罚;如果因为犯非法拘禁罪致人重伤的,处三年以上十年以下有期徒刑;致人死亡的,处十年以上有期徒刑;如果因为使用暴力而导致受害人伤残、死亡的,就应当按照故意伤害罪、故意杀人罪论处;如果国家机关工作人员利用职权犯非法拘禁罪的,则应当从重处罚。

《刑法》第二百三十八条:非法拘禁他人或者以其他方法非法剥夺他人人身自由的,处三年以下有期徒刑、拘役、管制或者剥夺政治权利。具有殴打、侮辱情节的,从重处罚。

犯前款罪,致人重伤的,处三年以上十年以下有期徒刑;致人死亡的,处十年以上有期徒刑。使用暴力致人伤残、死亡的,依照本法第二百三十四条、第二百三十二条的规定定罪处罚。

为索取债务非法扣押、拘禁他人的,依照前两款的规定处罚。

国家机关工作人员利用职权犯前三款罪的,依照前三款的规定从重处罚。

147 什么是绑架罪,如何认定和处罚?

绑架罪是指以勒索财物或者扣押人质为目的,使用暴力、胁迫或者其他方法,绑架他人的行为。本罪的构成要件或特征解读如下:

(一)本罪侵犯的客体是复杂客体。即他人的人身自由权、健康权、生命权及公私财产所有权。

(二)本罪在客观方面表现为使用暴力、胁迫或者其他方法,绑架他人的行为。所谓"暴力",是指行为人直接对被害人进行捆绑、殴打等人身强制或者对被害人进行伤害、殴打等人身攻击手段。而胁迫则是指对被害人实行精神强制,或者对被害人及其家属以实施暴力相威胁。其他方法是指除暴力、胁迫以外的方法,如利用醉酒等方法使被害人处于昏迷状态等。

(三)本罪的犯罪主体为一般主体。即达到刑事责任年龄、且具备刑事责任能力的自然人。

(四)本罪在主观方面表现为直接故意,并且具有勒索财物或者扣押人质的目的。以勒索财物为目的的绑架他人,目的在于勒令与人质有关的亲友,逼迫其在一定期限内交出一定财物;绑架他人作为人质主要是出于政治性目的,逃避追捕或者要求司法机关释放罪犯等其他目的,劫持他人作为人质。

按照《刑法》的规定,犯本罪的,处十年以上有期徒刑或者无期徒刑,并处罚金或者没收财产;情节较轻的,则处五年以上十年以下有期徒刑,并处罚金。如果致使被绑架人重伤、死亡或者杀害被绑架人的,处无期徒刑或者死刑,并处没收财产。

《刑法》第二百三十九条：以勒索财物为目的绑架他人的，或者绑架他人作为人质的，处十年以上有期徒刑或者无期徒刑，并处罚金或者没收财产；情节较轻的，处五年以上十年以下有期徒刑，并处罚金。

犯前款罪，杀害被绑架人的，或者故意伤害被绑架人，致人重伤、死亡的，处无期徒刑或者死刑，并处没收财产。

以勒索财物为目的偷盗婴幼儿的，依照前两款的规定处罚。

148 什么是拐卖妇女、儿童罪，如何认定和处罚？

拐卖妇女、儿童罪是指以出卖为目的，拐骗、绑架、收买、贩卖、接送、中转妇女、儿童的行为。本罪的构成要件或特征解读如下：

（一）本罪侵犯的客体是被害妇女、儿童的身体自由权和人格尊严权。

（二）本罪在客观方面表现为非法拐骗、绑架、收买、贩卖、接送或者中转妇女、儿童的行为。拐骗是指行为人以利诱、欺骗等非暴力手段使妇女、儿童脱离家庭或监护人并为自己所控制的行为。绑架是指以暴力、胁迫、麻醉等方法将被害人劫离原地和把持、控制被害人的行为。收买是指为了再转手出卖而从拐卖妇女、儿童的犯罪分子手中买来被拐骗妇女、儿童的行为。贩卖是指行为人将买来的被拐骗妇女、儿童再出卖给第二人的行为。接送、中转是指在拐卖妇女、儿童的共同犯罪中，进行接应、藏匿、转送、接转被拐骗的妇女、儿童的行为。

（三）本罪的犯罪主体为一般主体。即达到刑事责任年龄、且具备刑事责任能力的自然人。

（四）本罪在主观方面表现为直接故意，并具有出卖的目的。只要行为人以出卖为目的实施了拐骗、绑架、收买、贩卖、接送、中转被拐骗妇女、儿童行为之一的，即构成本罪。至于是否成功卖出，并不影响本罪的成立。

按照《刑法》的规定，犯本罪的，处五年以上十年以下有期徒刑，并处罚金;有法定的从重处罚情形之一的(参见法条链接),处十年以上有期徒刑或者无期徒刑,并处罚金或者没收财产;情节特别严重的,处死刑,并处没收财产。

《刑法》第二百四十条:拐卖妇女、儿童的,处五年以上十年以下有期徒刑,并处罚金;有下列情形之一的,处十年以上有期徒刑或者无期徒刑,并处罚金或者没收财产;情节特别严重的,处死刑,并处没收财产:

(一)拐卖妇女、儿童集团的首要分子;

(二)拐卖妇女、儿童三人以上的;

(三)奸淫被拐卖的妇女的;

(四)诱骗、强迫被拐卖的妇女卖淫或者将被拐卖的妇女卖给他人迫使其卖淫的;

(五)以出卖为目的,使用暴力、胁迫或者麻醉方法绑架妇女、儿童的;

(六)以出卖为目的,偷盗婴幼儿的;

(七)造成被拐卖的妇女、儿童或者其亲属重伤、死亡或者其他严重后果的;

(八)将妇女、儿童卖往境外的。

拐卖妇女、儿童是指以出卖为目的,有拐骗、绑架、收买、贩卖、接送、中转妇女、儿童的行为之一的。

149 什么是收买被拐卖的妇女、儿童罪,如何认定和处罚?

收买被拐卖的妇女、儿童罪是指不以出卖为目的,收买被拐卖的妇女、儿童的行为。本罪的构成要件或特征解读如下:

(一)本罪侵犯的客体是人身不受买卖的权利。

(二)本罪在客观方面表现为收买被拐卖的妇女、儿童。本罪是结果犯,即只有买到被拐卖的妇女、儿童才达到犯罪既遂状态。收买被拐卖的妇女、儿童,按照被买妇女的意愿,不阻碍其返回原居住地,对被买儿童没有虐待行为,不阻碍对其进行解救的,可以从宽处罚。

(三)本罪的犯罪主体为一般主体。即达到刑事责任年龄、且具备刑事责任能力的自然人。

(四)本罪在主观方面表现为故意。即明知道收买被拐卖的妇女、儿童的行为是犯罪行为而追求或放任这种结果的发生。

按照《刑法》的规定,犯本罪的,处三年以下有期徒刑、拘役或者管制。如果收买人强行与被收买的妇女发生性关系,则应当按照收买被拐卖妇女罪和强奸罪两罪并罚。如果收买者对收买的妇女、儿童,非法剥夺、限制其人身自由或者有伤害、侮辱行为,则应当按照收买被拐卖妇女罪和非法拘禁罪、故意伤害罪或侮辱罪等实行数罪并罚。

《刑法》第二百四十一条:收买被拐卖的妇女、儿童的,处三年以下有期徒刑、拘役或者管制。

收买被拐卖的妇女,强行与其发生性关系的,依照本法第二百三十六条的规定定罪处罚。

收买被拐卖的妇女、儿童,非法剥夺、限制其人身自由或者有伤害、侮辱等犯罪行为的,依照本法的有关规定定罪处罚。

收买被拐卖的妇女、儿童,并有第二款、第三款规定的犯罪行为的,依照数罪并罚的规定处罚。

收买被拐卖的妇女、儿童又出卖的,依照本法第二百四十条的规定定罪处罚。

收买被拐卖的妇女、儿童,对被买儿童没有虐待行为,不阻碍对其进行解救的,可以从轻处罚;按照被买妇女的意愿,不阻碍其返回原居住地的,可以从轻或者减轻处罚。

150 什么是聚众阻碍解救被收买的妇女、儿童罪,如何认定和处罚?

聚众阻碍解救被收买的妇女、儿童罪是指聚集多人,阻碍国家机关工作人员解救被收买的妇女、儿童的行为。本罪的构成要件或特征解读如下：

（一）本罪侵犯的客体是被拐卖妇女、儿童的人身权和国家机关的公务活动。犯罪对象是被拐卖的妇女、儿童和国家机关工作人员。

（二）本罪在客观方面表现为聚众阻碍国家机关工作人员的解救行动。聚众阻碍是指有预谋、有组织、有领导地纠集多人阻碍国家机关工作人员解救被收买的妇女、儿童的行为。不管聚众阻碍的结果如何，行为人只要实施了聚众阻碍国家机关工作人员解救被收买的妇女、儿童的行为，就构成本罪。

（三）本罪的主体要件，必须是十六周岁以上聚众阻碍解救被收买的妇女、儿童的公务活动的首要分子。所谓"首要分子"是指起组织、纠集、策划、指挥、煽动作用的人员。

（四）本罪在主观方面表现为直接故意。即明知对方是国家机关工作人员，并且正在依法解救被收买的妇女、儿童，而故意聚众予以阻碍。

按照《刑法》的规定，聚众阻碍国家机关工作人员解救被收买的妇女、儿童的首要分子，处五年以下有期徒刑或者拘役。但如果行为人采用暴力、威胁方法阻碍国家机关工作人员解救被收买的妇女、儿童的，就不再以本罪论处，而应当按照妨害公务罪论处。

《刑法》第二百四十二条：以暴力、威胁方法阻碍国家机关工作人员解救被收买的妇女、儿童的，依照本法第二百七十七条的规定定罪处罚。

聚众阻碍国家机关工作人员解救被收买的妇女、儿童的首要分子，处五年以下有期徒刑或者拘役；其他参与者使用暴力、威胁方法的，依照前款的规定处罚。

《刑法》第二百七十七条：以暴力、威胁方法阻碍国家机关工作人员依法执行职务的，处三年以下有期徒刑、拘役、管制或者罚金。

151 什么是诬告陷害罪,如何认定和处罚?

诬告陷害罪是指捏造事实诬告陷害他人,意图使他人受刑事追究,情节严重的行为。本罪的构成要件或特征解读如下:

(一)本罪侵犯的客体是他人的人身权和司法机关的正常活动。

(二)本罪在客观方面表现为:第一,必须存在行为人捏造犯罪事实,即无中生有、栽赃陷害、借题发挥把杜撰的或他人的犯罪事实强加于被害人;第二,行为人必须向国家机关或有关单位告发,或者采取其他方法足以引起司法机关的追究活动;第三,必须是针对特定的对象。

(三)本罪的犯罪主体是一般主体。即达到刑事责任年龄、并具有刑事责任能力的人。

(四)本罪在主观方面表现为直接故意。即明知自己在捏造事实,一向有关机关或单位告发就会产生被告发人遭受刑事追究的危害后果,并且希望这一危害结果发生。不管出于何种犯罪动机,均不影响本罪的成立。

按照《刑法》的规定,犯本罪的,处三年以下有期徒刑、拘役或者管制;造成严重后果的,处三年以上十年以下有期徒刑。国家机关工作人员犯本罪的,从重处罚。

法条链接

《刑法》第二百四十三条:捏造事实诬告陷害他人,意图使他人受刑事追究,情节严重的,处三年以下有期徒刑、拘役或者管制;造成严重后果的,处三年以上十年以下有期徒刑。

国家机关工作人员犯前款罪的,从重处罚。

不是有意诬陷,而是错告,或者检举失实的,不适用前两款的规定。

152 什么是非法搜查罪,如何认定和处罚?

非法搜查罪是指非法对他人的身体或住宅进行搜查的行为。本罪

的构成要件或特征解读如下:

(一)本罪侵犯的客体是他人的隐私权。

(二)本罪在客观方面表现为非法搜查他人身体和住宅的行为。搜查是指搜索检查,既包括对他人身体的搜查,也包括对他人住宅的搜查。

(三)本罪的犯罪主体是一般主体。即达到刑事责任年龄、并具有刑事责任能力的人。

(四)本罪在主观方面表现为直接故意,不能由间接故意或者过失构成。

按照《刑法》的规定,犯本罪的,处三年以下有期徒刑或者拘役。

《刑法》第二百四十五条:非法搜查他人身体、住宅,或者非法侵入他人住宅的,处三年以下有期徒刑或者拘役。

司法工作人员滥用职权,犯前款罪的,从重处罚。

153 什么是非法侵入住宅罪,如何认定和处罚?

非法侵入住宅罪是指违背住宅内成员的意愿或无法律依据,进入公民住宅,或进入公民住宅后经要求退出而拒不退出的行为。本罪的构成要件或特征解读如下:

(一)本罪侵犯的客体是公民住宅不受侵犯的权利。

(二)本罪在客观方面表现为实施了非法侵入他人住宅的行为。非法是指违背住宅内成员的意愿,或者无法律依据。

(三)本罪的犯罪主体是一般主体。即达到刑事责任年龄、并具有刑事责任能力的人。

(四)本罪在主观方面表现为故意。即行为人明知自己的侵入或不退出行为,违反了权利人的意愿,或破坏他人住宅的安宁,而积极侵入或消极不退出,就构成非法侵入住宅罪。

按照《刑法》的规定,犯本罪的,处三年以下有期徒刑或者拘役。

《刑法》第二百四十五条：非法搜查他人身体、住宅，或者非法侵入他人住宅的，处三年以下有期徒刑或者拘役。

司法工作人员滥用职权，犯前款罪的，从重处罚。

154 什么是侮辱罪，如何认定和处罚？

侮辱罪是指以暴力或者其他方法，公然贬损他人人格、破坏他人名誉，情节严重的行为。本罪的构成要件或特征解读如下：

（一）本罪侵犯的客体是他人的人格尊严和名誉权。

（二）本罪在客观方面表现为以暴力或其他方法公然贬损他人人格、破坏他人名誉，情节严重的行为。其行为的主要手段包括暴力侮辱人身、言语侮辱、文字侮辱等。另外，侮辱行为必须公然进行。所谓"公然"，是指当着第三者甚至众人的面，或者利用可以使不特定的人或多数人听到、看到的方式，对他人进行侮辱。

（三）本罪的犯罪主体是一般主体。即达到刑事责任年龄、并具有刑事责任能力的人。

（四）本罪在主观方面表现为直接故意，并且具有贬损他人人格、破坏他人名誉的目的。

根据《刑法》的规定，犯本罪的，处三年以下有期徒刑、拘役、管制或者剥夺政治权利。

《刑法》第二百四十六条：以暴力或者其他方法公然侮辱他人或者捏造事实诽谤他人，情节严重的，处三年以下有期徒刑、拘役、管制或者剥夺政治权利。

前款罪，告诉的才处理，但是严重危害社会秩序和国家利益的除外。

155 什么是诽谤罪,它与侮辱罪有何区别?

诽谤罪是指故意捏造并散布虚构的事实,足以贬损他人人格,破坏他人名誉,情节严重的行为。本罪的构成要件或特征解读如下:

(一)本罪侵犯的客体是他人的人格尊严、名誉权,犯罪对象是自然人。

(二)本罪在客观方面表现为:第一,行为人必须有捏造某种事实的行为;第二,行为人必须有散布捏造事实的行为;第三,诽谤行为必须是针对特定的人进行的;第四,捏造事实诽谤他人的行为必须属于情节严重。

(三)本罪的犯罪主体是一般主体。即达到刑事责任年龄、并具有刑事责任能力的人。

(四)本罪在主观方面必须是故意,行为人明知自己散布的是足以损害他人名誉的虚假事实,明知自己的行为会发生损害他人名誉的危害结果,并且希望这种结果发生。

本罪与侮辱罪的区别在于:(1)侮辱不是用捏造的方式进行,而诽谤则必须是捏造事实;(2)侮辱含暴力侮辱行为,而诽谤则不使用暴力手段;(3)侮辱往往是当着被害人的面进行的,而诽谤则是当众或者向第三者散布的。

根据《刑法》的规定,犯本罪的,处三年以下有期徒刑、拘役、管制或者剥夺政治权利。

《刑法》第二百四十六条:……捏造事实诽谤他人,情节严重的,处三年以下有期徒刑、拘役、管制或者剥夺政治权利。

前款罪,告诉的才处理,但是严重危害社会秩序和国家利益的除外。

156 什么是刑讯逼供罪，如何认定和处罚？

刑讯逼供罪是指司法工作人员对犯罪嫌疑人、被告人使用肉刑或者变相肉刑，逼取口供的行为。本罪的构成要件或特征解读如下：

（一）本罪侵犯的客体是复杂客体。即公民的人身权利和国家司法机关的正常司法活动。

（二）本罪在客观方面表现为对犯罪嫌疑人、被告人使用肉刑或者变相肉刑，逼取口供的行为。肉刑是指对被害人的肉体施行暴力，如捆绑、殴打等。变相肉刑是指对被害人使用非暴力的摧残和折磨，如冻、饿、晒等。另外，行为人必须有逼供行为，即逼迫犯罪嫌疑人、被告人作出行为人所期待的口供。

（三）本罪的犯罪主体是特殊主体。即司法工作人员，包括侦查、检察、审判和监管人员。

（四）本罪在主观方面只能是故意，并且具有逼取口供的目的。

按照《刑法》的规定，犯本罪的，处三年以下有期徒刑或者拘役。如果因为刑讯逼供而导致受害人伤残或者死亡的，则应当认定为故意伤害罪或故意杀人罪。

《刑法》第二百四十七条：司法工作人员对犯罪嫌疑人、被告人实行刑讯逼供……处三年以下有期徒刑或者拘役。致人伤残、死亡的，依照本法第二百三十四条、第二百三十二条的规定定罪从重处罚。

157 什么是暴力取证罪，如何认定和处罚？

暴力取证罪是侵犯公民人身权利、民主权利罪的一种，指司法工作人员使用暴力逼取证人证言的行为。本罪的构成要件或特征解读如下：

(一)本罪侵犯的客体是复杂客体。即公民的人身权利和国家司法机关的正常司法活动。

(二)本罪在客观方面表现为使用暴力逼取证人证言的行为。

(三)本罪的犯罪主体是特殊主体。即司法工作人员,包括侦查、检察、审判和监管人员。

(四)本罪在主观方面表现为故意,以逼取证人证言为目的。

根据2005年12月29日最高人民检察院《关于渎职侵权犯罪案件立案标准的规定》,涉嫌下列情形之一的,应予立案:(1)以殴打、捆绑、违法使用械具等恶劣手段逼取证人证言的;(2)暴力取证造成证人轻伤、重伤、死亡的;(3)暴力取证,情节严重,导致证人自杀、自残造成重伤、死亡,或者精神失常的;(4)暴力取证,造成错案的;(5)暴力取证三人次以上的;(6)纵容、授意、指使、强迫他人暴力取证,具有上述情形之一的;(7)其他暴力取证应予追究刑事责任的情形。

按照《刑法》的规定,犯本罪的,处三年以下有期徒刑或者拘役。如果因为暴力逼供而导致受害人伤残或者死亡的,则应当认定为故意伤害罪或故意杀人罪。

《刑法》第二百四十七条:司法工作人员……使用暴力逼取证人证言的,处三年以下有期徒刑或者拘役。致人伤残、死亡的,依照本法第二百三十四条、第二百三十二条的规定定罪从重处罚。

158 什么是报复陷害罪,如何认定和处罚?

报复陷害罪是指国家机关工作人员滥用职权、假公济私,对控告人、申诉人、批评人、举报人实行报复陷害的行为。本罪的构成要件或特征解读如下:

(一)本罪侵犯的客体是公民的民主权利和国家机关的正常活动。

(二)本罪在客观方面表现为滥用职权、假公济私,对控告人、申诉人、批评人、举报人实行打击报复陷害的行为。

(三)本罪的犯罪主体是特殊主体。即国家机关工作人员。

(四)本罪在主观方面表现为直接故意,并且具有报复陷害他人的目的。

本罪与诬告陷害罪很相似,但二者有着重要区别:(1)主体要件不同。报复陷害罪的主体只能是国家机关工作人员,而诬告陷害罪的主体则可以是任何公民。(2)犯罪目的不同。报复陷害罪的目的是打击报复陷害他人,而诬告陷害罪的目的则是意图使他人枉受刑事追究。(3)犯罪手段不同。报复陷害罪必须是基于职务,滥用职权或假公济私,而诬告陷害罪则不要求必须利用职权。(4)陷害的对象不同。报复陷害罪只限于控告人、申诉人、批评人、举报人这四种人,而诬告陷害罪可以是任何干部和群众。

按照《刑法》的规定,犯本罪的,处二年以下有期徒刑或者拘役;情节严重的,处二年以上七年以下有期徒刑。

《刑法》第二百五十四条:国家机关工作人员滥用职权、假公济私,对控告人、申诉人、批评人、举报人实行报复陷害的,处二年以下有期徒刑或者拘役;情节严重的,处二年以上七年以下有期徒刑。

159 什么是破坏选举罪,如何认定和处罚?

破坏选举罪是指在选举各级人民代表大会代表和国家机关领导人员时,以暴力、威胁、欺骗、贿赂、伪造选举文件、虚报选举票数等手段破坏选举或者妨害选民和代表自由行使选举权和被选举权,情节严重的行为。本罪的构成要件或特征解读如下:

(一)本罪侵犯的客体是公民的选举权利和国家的选举制度。

（二）本罪在客观方面表现为在选举各级人民代表大会代表和国家机关领导人员时，采用各种手段破坏选举或者妨害选民和代表自由行使选举权和被选举权，情节严重的行为。在犯罪手段上，可以表现为暴力手段、威胁手段、欺骗手段、贿赂手段、伪造选举文件、虚报选举票数等。破坏选举的行为必须是发生在选举各级人民代表大会代表和国家机关领导人员的活动中，除此之外的选举，如村委会选举、企事业单位内部选举等，不属于破坏选举罪的范畴。

（三）本罪的犯罪主体是一般主体。即达到刑事责任年龄、并具有刑事责任能力的人，既可以是普通公民，也可以是国家机关工作人员。

（四）本罪在主观方面表现为故意。犯罪动机可能多种多样，但不影响定罪。

按照《刑法》的规定，犯本罪的，处三年以下有期徒刑、拘役或者剥夺政治权利。

法条链接

《刑法》第二百五十六条：在选举各级人民代表大会代表和国家机关领导人员时，以暴力、威胁、欺骗、贿赂、伪造选举文件、虚报选举票数等手段破坏选举或者妨害选民和代表自由行使选举权和被选举权，情节严重的，处三年以下有期徒刑、拘役或者剥夺政治权利。

160 什么是暴力干涉婚姻自由罪，如何认定和处罚？

暴力干涉婚姻自由罪是指用暴力手段干涉他人结婚自由或离婚自由的行为。本罪的构成要件或特征解读如下：

（一）本罪侵犯的客体是复杂客体。既侵犯了他人的婚姻自由，又侵犯了他人的人身权利。

（二）本罪在客观方面表现为使用暴力手段干涉婚姻的行为。所谓"暴力"，是指对意图结婚或离婚的人实行拳打脚踢、捆绑、禁闭、强抢等

人身强制的方法。

（三）本罪的犯罪主体是一般主体。即达到刑事责任年龄、并具有刑事责任能力的人。

（四）本罪在主观方面表现为直接故意。犯罪动机可能多种多样，但不影响定罪。

按照《刑法》的规定，犯本罪的，处二年以下有期徒刑或者拘役。如果行为人的行为致使被害人死亡的，处二年以上七年以下有期徒刑。另外，按照《刑法》的规定，本罪是告诉才处理的案件，即只有被害人直接向法院告发，法院才予以审理。

《刑法》第二百五十七条：以暴力干涉他人婚姻自由的，处二年以下有期徒刑或者拘役。

犯前款罪，致使被害人死亡的，处二年以上七年以下有期徒刑。

第一款罪，告诉的才处理。

161 什么是重婚罪，如何认定和处罚？

重婚罪是指有配偶又与他人结婚或者明知他人有配偶而与之结婚的行为。本罪的构成要件或特征解读如下：

（一）本罪侵犯的客体是一夫一妻的婚姻制度。

（二）本罪在客观方面表现为行为人必须具有重婚的行为。即有配偶的人又与他人结婚的，或者明知他人有配偶而与之结婚的。有配偶是指男人有妻、女人有夫，而且这种夫妻关系未经法律程序解除。如果夫妻关系已经解除，或者因配偶一方死亡夫妻关系自然消失，即不再是有配偶的人。又与他人结婚，包括骗取合法手续登记结婚的和虽未经婚姻登记手续但以夫妻关系共同生活的。明知他人有配偶而与之结婚，是指本人虽无配偶，但明知对方有配偶，而故意与之结婚的。

（三）本罪的犯罪主体为一般主体。包括有配偶的人，在夫妻关系存续期间又与他人建立婚姻关系以及没有配偶的人，明知对方有配偶而与之结婚。

（四）本罪在主观方面表现为直接故意。即明知他人有配偶而与之结婚或自己有配偶而故意与他人结婚。如果没有配偶一方确实不知对方有配偶而与之结婚或以夫妻关系共同生活的，无配偶一方不构成重婚罪，有配偶一方则构成重婚罪。

按照《刑法》的规定，犯本罪的，处二年以下有期徒刑或者拘役。

《刑法》第二百五十八条：有配偶而重婚的，或者明知他人有配偶而与之结婚的，处二年以下有期徒刑或者拘役。

162 什么是虐待罪，如何认定和处罚？

虐待罪是指对共同生活的家庭成员经常以打骂、捆绑、冻饿、限制自由、凌辱人格、不给治病或者强迫作过度劳动等方法，从肉体和精神上进行摧残迫害，情节恶劣的行为。本罪的构成要件或特征解读如下：

（一）本罪侵犯的客体是家庭成员在家庭中的平等权利。犯罪对象只能是共同生活的家庭成员。

（二）本罪在客观方面表现为经常虐待家庭成员的行为，具体表现为：(1)对被害人肉体和精神进行摧残、折磨、迫害。(2)虐待行为必须具有经常性。(3)虐待行为必须是情节恶劣。情节恶劣是指虐待动机卑鄙、手段残忍、持续时间较长、屡教不改的，被害人是年幼、年老、病残者、孕妇、产妇等情形。

（三）本罪的犯罪主体为特殊主体，并且是共同生活在同一家庭的成员，相互之间存在一定的亲属关系或者扶养关系。

（四）本罪在主观方面表现为故意。即行为人故意对被害人进行肉体和精神上的摧残、折磨。

按照《刑法》的规定,犯本罪的,处二年以下有期徒刑、拘役或者管制;如果虐待行为导致被害人重伤或死亡的,处二年以上七年以下有期徒刑。另外,按照《刑法》的规定,本罪是告诉才处理的案件,即只有被害人直接向法院告发,法院才予以审理。

《刑法》第二百六十条:虐待家庭成员,情节恶劣的,处二年以下有期徒刑、拘役或者管制。

犯前款罪,致使被害人重伤、死亡的,处二年以上七年以下有期徒刑。

第一款罪,告诉的才处理,但被害人没有能力告诉,或者因受到强制、威吓无法告诉的除外。

163 什么是遗弃罪,如何认定和处罚?

遗弃罪是指对于年老、年幼、患病或者其他没有独立生活能力的人,负有扶养义务而拒绝扶养,情节恶劣的行为。本罪的构成要件或特征解读如下:

(一)本罪侵犯的客体是被害人在家庭中的平等权利。犯罪对象是年老、年幼、患病或者其他没有独立生活能力的家庭成员。所谓"年老、年幼、患病或者其他没有独立生活能力的家庭成员",是指家庭成员中具有以下几种情况的人:(1)因年老、伤残、疾病等而丧失劳动能力,没有生活来源的;(2)虽有生活来源,但因病、老、伤残,生活不能自理的;(3)因年幼或智力低下等原因,没有独立生活能力的。

(二)本罪在客观方面表现为对年老、年幼、患病或者其他没有独立生活能力的家庭成员,应当扶养而拒不扶养,情节恶劣的行为。具体行为表现为拒绝承担赡养、抚养义务等。情节恶劣包括因遗弃而导致被害人重伤、死亡的;被害人因被遗弃而生活无着,流离失所,被迫沿街乞讨的;被害人因被遗弃走投无路而被迫自杀的等。

(三)本罪的犯罪主体为特殊主体,必须是对被遗弃者负有法律上的扶养义务而且具有抚养能力的人。

(四)本罪在主观方面表现为故意。即明知自己应履行扶养义务而拒绝扶养。

按照《刑法》的规定,犯本罪的,处五年以下有期徒刑、拘役或者管制。

法条链接

《刑法》第二百六十一条:对于年老、年幼、患病或者其他没有独立生活能力的人,负有扶养义务而拒绝扶养,情节恶劣的,处五年以下有期徒刑、拘役或者管制。

164 什么是拐骗儿童罪,如何认定和处罚?

拐骗儿童罪是指以欺骗、引诱或者其他方法,使不满十四周岁的男、女儿童脱离家庭或者监护人的行为。本罪的构成要件或特征解读如下:

(一)本罪侵犯的客体是他人的家庭关系和儿童的合法权益。犯罪对象是不满十四周岁的未成年人。

(二)本罪在客观方面表现为采用蒙骗、利诱或者其他方法,使儿童脱离自己的家庭或者监护人的行为。

(三)本罪的犯罪主体是一般主体。即达到刑事责任年龄、并具有刑事责任能力的人。

(四)本罪在主观方面表现为故意。绝大多数的犯罪目的是为了将拐骗的儿童收养为自己的子女,但也有少数是为了奴役被害人的。

按照《刑法》的规定,犯本罪的,处五年以下有期徒刑或者拘役。

《刑法》第二百六十二条：拐骗不满十四周岁的未成年人，脱离家庭或者监护人的，处五年以下有期徒刑或者拘役。……

165 什么是组织残疾人、儿童乞讨罪，如何认定和处罚？

组织残疾人、儿童乞讨罪是指以暴力、胁迫手段组织残疾人或者不满十四周岁的未成年人乞讨的行为。本罪的构成要件或特征解读如下：

（一）本罪侵犯的客体是复杂客体。既侵害了残疾人与未成年人的身心健康权，也损害了社会正常的管理秩序。

（二）本罪在客观方面表现为行为人实施了以暴力、胁迫的手段，组织残疾人与未成年人进行乞讨的行为。暴力手段是指行为人直接对残疾人、未成年人的身体实施打击和强制，如殴打、捆绑、非法拘禁、非法限制其人身自由等；胁迫手段是指行为人对残疾人、未成年人实施威胁、恐吓，以达到精神上的强制的手段。

（三）本罪的犯罪主体是一般主体。即达到刑事责任年龄、并具有刑事责任能力的人。

（四）本罪在主观方面表现为直接故意。即明知自己是在组织未成年人与残疾人乞讨，这种行为会发生危害社会的后果，并且希望这种危害结果发生。

按照《刑法》的规定，犯本罪的，处三年以下有期徒刑或者拘役，并处罚金；情节严重的，处三年以上七年以下有期徒刑，并处罚金。

《刑法》第二百六十二条：……以暴力、胁迫手段组织残疾人或者不满十四周岁的未成年人乞讨的，处三年以下有期徒刑或者拘役，并处罚

金;情节严重的,处三年以上七年以下有期徒刑,并处罚金。

166 什么是抢劫罪,如何认定和处罚?

抢劫罪是以非法占有为目的,对财物的所有人或者保管人当场使用暴力、胁迫或其他方法,强行将公私财物抢走的行为。本罪的构成要件或特征解读如下:

(一)本罪侵犯的客体是复杂客体。即公私财物的所有权和公民的人身权利。

(二)本罪在客观方面表现为行为人对公私财物的所有者、保管者或者守护者当场使用暴力、胁迫或者其他对人身实施强制的方法,强行劫取公私财物的行为。所谓"暴力",是指对财物的所有人、管理人、占有人的人身实施不法打击或强制,致使被害人不能反抗的行为,如殴打、捆绑、伤害、禁闭等。所谓"胁迫",是指对被害人以当场实施暴力相威胁,进行精神强制,使其产生恐惧从而不敢反抗,任其抢走财物或者被迫交出财物的行为,胁迫的内容是当场对被害人施以暴力。所谓"其他方法",是指使用暴力、胁迫以外的方法使得被害人不知反抗或无法反抗,而当场劫取财物的行为,如用酒灌醉、用药物麻醉等。

(三)本罪的犯罪主体为一般主体。即年满十四周岁、并具有刑事责任能力的自然人。

(四)本罪在主观方面表现为直接故意,并具有将公私财物非法占有的目的。

按照《刑法》的规定,犯本罪的,处三年以上十年以下有期徒刑,并处罚金;如果有法定从重处罚情形之一的(参见法条链接),则应当处十年以上有期徒刑、无期徒刑或者死刑,并处罚金或者没收财产。

《刑法》第二百六十三条:以暴力、胁迫或者其他方法抢劫公私财物

的,处三年以上十年以下有期徒刑,并处罚金;有下列情形之一的,处十年以上有期徒刑、无期徒刑或者死刑,并处罚金或者没收财产:

(一)入户抢劫的;

(二)在公共交通工具上抢劫的;

(三)抢劫银行或者其他金融机构的;

(四)多次抢劫或者抢劫数额巨大的;

(五)抢劫致人重伤、死亡的;

(六)冒充军警人员抢劫的;

(七)持枪抢劫的;

(八)抢劫军用物资或者抢险、救灾、救济物资的。

167 如何正确认识抢劫杀人案件?

在抢劫案件中,通常会伴随犯罪分子杀害受害人或其他相关人员的情况,对此,是按照抢劫罪论处,还是按照故意杀人罪定性,或者是按照抢劫罪和故意杀人罪实行数罪并罚,应具体问题具体分析,现就该问题解读如下:

(一)先杀人后抢劫的案件。即事先只有非法剥夺他人生命的目的,而无抢劫他人财物的目的,抢劫财物是在杀人以后对其亲属实施的,或者杀人以后,见财起意又将其财物拿走的案件。基于杀人的故意,实施杀人的行为,构成故意杀人罪,后又基于非法占有被害人财物的故意,实施了抢劫的行为,构成抢劫罪。此时,应定抢劫罪和故意杀人罪,实行两罪并罚。

(二)在实施抢劫财物过程中先杀人后劫物的案件。即在抢劫财物过程中,先将财物的所有人、保管人杀死,剥夺其反抗能力,为顺利实施抢劫创造有利条件,然后当场劫走财物,杀人是劫走财物的必要手段的案件。虽杀人在先,劫取财物在后,但都发生在抢劫过程中,而且杀人是劫取财物的必要手段。此时,应定抢劫罪。

(三)抢劫以后又杀人的案件。即抢劫财物后,为了保护赃物、抗拒逮捕、毁灭罪证,当场又杀人的,或者为杀人灭口而杀死被害人或目击证人的案件。杀人灭口行为,与抢劫没有内在联系,二者是两个独立的犯罪,应分别定抢劫罪和故意杀人罪,实行两罪并罚。

总之,对于抢劫杀人案件的定性应把握两个关节点:第一,杀人是否发生在抢劫财物过程中;第二,杀人是否是抢劫财物的必要手段,是否与非法占有公私财物之间存在目的与手段的内在联系。

168 对于抢劫罪,在哪些情形下可以判处死刑?

按照《刑法》第二百六十三条的规定,有下列情形之一的,处十年以上有期徒刑、无期徒刑或者死刑,并处罚金或者没收财产,也就是说情节特别恶劣的,有可能判处死刑。

(一)入户抢劫的。这里所说的"户",应理解为居民住宅,不包括单位的办公楼、学校、公共娱乐场所等。当然,如果日常的生活住宅与办公区混同在一起,行为人到这种特定的区域实施抢劫,也应认定为入户抢劫。

(二)在公共交通工具上抢劫的。这里所说的"公共交通工具",包括从事旅客运输的各种公共汽车、电车、出租车、客运列车、客运轮船、客运飞机等正在运营中的交通工具。

(三)抢劫银行或者其他金融机构的。包括国有银行、民营银行和外国在我国境内设立的银行。其他金融机构是指银行以外的依法从事货币资金的融通和信用的机构,如证券公司、保险公司、信托投资公司、融资租赁公司、企业集团财务公司等。另外,这里所说的银行或金融机构也包括行驶途中的上述单位所属的运钞车。

(四)多次抢劫或者抢劫数额巨大的。多次抢劫,是指在一定时期内抢劫三次以上。抢劫数额巨大的标准,各省、自治区、直辖市规定的不完全一致。

(五)抢劫致人重伤、死亡的。即行为人在抢劫过程中,因使用暴力或者其他方法而直接导致被害人重伤、死亡的。

(六)冒充军警人员抢劫的。军警人员是指军人和警察。军人是指中国人民解放军、中国人民武装警察部队的现役军官(警官)、文职干部、士兵及具有军籍的学员。警察是指我国武装性质的国家治安行政力量,包括公安机关、国家安全机关、监狱、劳动教养管理机关的人民警察和人民法院、人民检察院的司法警察。

(七)持枪抢劫的。持枪是指行为人在实施抢劫过程中,手中持有枪支或者向被害人显示所佩带的枪支。无论行为人是否实际使用了枪支不影响对此情形的认定。如果行为人并未实际持有枪支,而是口头上表示有枪;或者虽然随身携带有枪支,但未持在手中,也未向被害人显示,均不属于这种情形。

(八)抢劫军用物资或者抢险、救灾、救济物资的。军用物资是指除枪支、弹药、爆炸物以外的所有军事用品;抢险、救灾、救济物资,是指抢险、救灾、救济用途已经明确的物资。

169 什么是盗窃罪,如何认定和处罚?

盗窃罪是指以非法占有为目的,秘密窃取公私财物,数额较大或者多次盗窃公私财物的行为。本罪的构成要件或特征解读如下:

(一)本罪侵犯的客体是公私财物的所有权,犯罪对象是公私财物。

(二)本罪在客观方面表现为行为人具有窃取数额较大的公私财物或者多次窃取公私财物的行为。所谓"窃取",是指行为人违反被害人的意志,将他人占有的财物转移为自己或第三者(包括单位)占有。

(三)本罪的犯罪主体是一般主体。即达到刑事责任年龄、并具有刑事责任能力的人。

(四)本罪在主观方面表现为直接故意,且具有非法占有的目的。

按照《刑法》的规定,犯本罪的,处三年以下有期徒刑、拘役或者管制,并处或者单处罚金;数额巨大或者有其他严重情节的,处三年以上十年以下有期徒刑,并处罚金;数额特别巨大或者有其他特别严重情节的,处十年以上有期徒刑或者无期徒刑,并处罚金或者没收财产。按照最高人民法院、最高人民检察院2013年发布的《关于办理盗窃刑事案件适用法律若干问题的解释》的规定,盗窃公私财物价值一千元至三千元以上、三万元至十万元以上、三十万元至五十万元以上的,应当分别认定为《刑法》第二百六十四条规定的"数额较大""数额巨大""数额特别巨大"。

《刑法》第二百六十四条:盗窃公私财物,数额较大的,或者多次盗窃、入户盗窃、携带凶器盗窃、扒窃的,处三年以下有期徒刑、拘役或者管制,并处或者单处罚金;数额巨大或者有其他严重情节的,处三年以上十年以下有期徒刑,并处罚金;数额特别巨大或者有其他特别严重情节的,处十年以上有期徒刑或者无期徒刑,并处罚金或者没收财产。

《刑法》第二百六十五条:以牟利为目的,盗接他人通信线路、复制他人电信码号或者明知是盗接、复制的电信设备、设施而使用的,依照本法第二百六十四条的规定定罪处罚。

170 什么是诈骗罪,如何认定和处罚?

诈骗罪是指以非法占有为目的,使用虚构事实或者隐瞒真相的方法,骗取数额较大的公私财物的行为。本罪的构成要件或特征解读如下:

(一)本罪侵犯的客体是公私财物的所有权。

(二)本罪在客观方面表现为使用欺诈方法骗取数额较大的公私财物。欺诈就是指行为人通过虚构事实或隐瞒真相的方法使被害人陷入错误认识的行为。

(三)本罪的犯罪主体是一般主体。即达到刑事责任年龄、并具有刑事责任能力的人。

(四)本罪在主观方面表现为直接故意,并且具有非法占有公私财物的目的。

按照《刑法》的规定,诈骗公私财物,数额较大的,处三年以下有期徒刑、拘役或者管制,并处或者单处罚金;数额巨大或者有其他严重情节的,处三年以上十年以下有期徒刑,并处罚金;数额特别巨大或者有其他特别严重情节的,处十年以上有期徒刑或者无期徒刑,并处罚金或者没收财产。

按照最高人民法院、最高人民检察院《关于办理诈骗刑事案件具体应用法律若干问题的解释》的规定:诈骗公私财物价值三千元至一万元以上、三万元至十万元以上、五十万元以上的,应当分别认定为《刑法》第二百六十六条规定的"数额较大""数额巨大""数额特别巨大"。

《刑法》第二百六十六条:诈骗公私财物,数额较大的,处三年以下有期徒刑、拘役或者管制,并处或者单处罚金;数额巨大或者有其他严重情节的,处三年以上十年以下有期徒刑,并处罚金;数额特别巨大或者有其他特别严重情节的,处十年以上有期徒刑或者无期徒刑,并处罚金或者没收财产。本法另有规定的,依照规定。

171 什么是抢夺罪,如何认定和处罚?

抢夺罪是指以非法占有为目的,乘人不备,公开夺取数额较大的公私财物的行为。本罪的构成要件或特征解读如下:

(一)本罪侵犯的客体是公私财物的所有权。犯罪对象是一般财物,如金钱、物品等,不包括枪支、弹药等特殊物品。因为《刑法》中专门规定了抢夺枪支弹药罪。

(二)本罪在客观方面表现为乘人不备,出其不意,公然对财物行使夺取行为,使他人来不及抗拒,而取得数额较大的财物的行为。抢夺行为必须公然进行,即公开夺取财物,或者说在被害人当场可以得知财物被抢的情况下实施抢夺行为,公然夺取不能理解为必须在不特定人或多数人面前实施抢夺行为。按照《刑法》的规定,犯罪分子如果携带凶器抢夺的,应当按照抢劫罪定罪量刑。

(三)本罪的犯罪主体是一般主体。即达到刑事责任年龄、并具有刑事责任能力的人。

(四)本罪在主观方面表现为故意,其目的是非法占有公私财物。行为人明知自己的行为会发生侵害公私财产的结果,并且希望这种结果发生。

按照《刑法》的规定,抢夺公私财物,数额较大的,处三年以下有期徒刑、拘役或者管制,并处或者单处罚金;数额巨大或者有其他严重情节的,处三年以上十年以下有期徒刑,并处罚金;数额特别巨大或者有其他特别严重情节的,处十年以上有期徒刑或者无期徒刑,并处罚金或者没收财产。

按照最高人民法院2002年7月20日起施行的《关于审理抢夺刑事案件具体应用法律若干问题的解释》第一条规定,抢夺公私财物"数额较大""数额巨大""数额特别巨大"的标准分别为抢夺公私财物价值人民币五百元至二千元以上、五千元至二万元以上、三万元至十万元以上的。

《刑法》第二百六十七条:抢夺公私财物,数额较大的,或者多次抢夺的,处三年以下有期徒刑、拘役或者管制,并处或者单处罚金;数额巨大或者有其他严重情节的,处三年以上十年以下有期徒刑,并处罚金;数额特别巨大或者有其他特别严重情节的,处十年以上有期徒刑或者无期徒刑,并处罚金或者没收财产。

携带凶器抢夺的,依照本法第二百六十三条的规定定罪处罚。

172 什么是聚众哄抢罪,如何认定和处罚?

聚众哄抢罪是指纠集多人,哄抢公私财物,数额较大或者情节严重的行为。本罪的构成要件或特征解读如下:

（一）本罪侵犯的客体是公私财物的所有权。

（二）本罪在客观方面表现为聚众哄抢公私财物，数额较大，情节严重的行为。所谓"聚众哄抢公私财物"，是指三人或者三人以上聚集起来，公开抢夺公私财物。

（三）本罪的犯罪主体是一般主体。即达到刑事责任年龄、并具有刑事责任能力的人。并不是所有参加聚众哄抢的行为人，而是只有其中的首要分子或者积极参加者才能成为本罪的主体。

（四）本罪在主观方面表现为故意，即具有聚众哄抢的故意，目的是非法占有公私财物。

根据《刑法》的规定，犯本罪的，处三年以下有期徒刑、拘役或者管制，并处罚金；数额巨大或者有其他特别严重情节的，处三年以上十年以下有期徒刑，并处罚金。关于数额较大、数额巨大的具体标准，各省、自治区、直辖市的规定不尽相同。

《刑法》第二百六十八条：聚众哄抢公私财物，数额较大或者有其他严重情节的，对首要分子和积极参加的，处三年以下有期徒刑、拘役或者管制，并处罚金；数额巨大或者有其他特别严重情节的，处三年以上十年以下有期徒刑，并处罚金。

173 什么是转化型抢劫罪？

转化型抢劫罪不是一个独立的罪名，只是抢劫罪的一种特殊形式。它是指行为人在实施盗窃、诈骗、抢夺三种犯罪行为过程中，为窝藏赃物、抗拒抓捕或者毁灭罪证而当场使用暴力或者以暴力相威胁，法律规定以抢劫罪论处的情形。

转化型抢劫罪的成立必须具备以下三个条件：

（一）行为人首先实施了盗窃、诈骗、抢夺犯罪行为。这是转化型抢劫罪成立的前提条件。

（二）行为人必须是当场使用暴力或者以暴力相威胁。当场是指犯罪分子实施盗窃、诈骗、抢夺罪的现场或者刚一离开现场就被人发觉追捕的过程中。使用暴力或者以暴力相威胁是指犯罪分子对抓捕他的人实施打击或强制，或者以将要立即实施这种行为相威胁。

（三）行为人实施暴力或以暴力相威胁的目的是为了窝藏赃物、抗拒抓捕或者毁灭罪证。窝藏赃物是指防护已到手的赃物不被追回。抗拒抓捕是指抗拒公安机关或任何公民的逮捕、扭送。毁灭罪证是指消灭自己遗留在作案现场的痕迹、物品等罪证，或者威胁知情者不得报案等。

《刑法》第二百六十九条：犯盗窃、诈骗、抢夺罪，为窝藏赃物、抗拒抓捕或者毁灭罪证而当场使用暴力或者以暴力相威胁的，依照本法第二百六十三条的规定定罪处罚。

174 什么是侵占罪，如何认定和处罚？

侵占罪是指以非法占有为目的，将他人交给自己保管的财物、他人的遗忘物或者埋藏物非法占为己有，数额较大，拒不交还的行为。本罪的构成要件或特征解读如下：

（一）本罪侵犯的客体是他人财物的所有权。

（二）本罪在客观方面表现为将他人交由自己代为保管的财物、他人的遗忘物或者埋藏物非法占为己有，数额较大，拒不交还的行为。

（三）本罪的犯罪主体是一般主体。即达到刑事责任年龄、并具有刑事责任能力的人。

（四）本罪在主观方面必须出于故意，即明知属于他人交给自己保管的财物、他人的遗忘物或者埋藏物仍非法占为己有。

根据《刑法》的规定，犯本罪的，数额较大，拒不退还的，处二年以下有期徒刑、拘役或者罚金;数额巨大或者有其他严重情节的,处二年以上五年以下有期徒刑,并处罚金。关于数额较大、数额巨大的具体标准,各省、自治区、直辖市的规定不尽相同。另外,本罪属于告诉才处理的犯罪,即没有被害人直接向法院控告,公安、司法机关不予追究。

《刑法》第二百七十条:将代为保管的他人财物非法占为己有,数额较大,拒不退还的,处二年以下有期徒刑、拘役或者罚金;数额巨大或者有其他严重情节的,处二年以上五年以下有期徒刑,并处罚金。

将他人的遗忘物或者埋藏物非法占为己有,数额较大,拒不交出的,依照前款的规定处罚。

本条罪,告诉的才处理。

175 什么是职务侵占罪,如何认定和处罚?

职务侵占罪是指公司、企业或者其他单位的人员,利用职务上的便利,将本单位财物非法占为己有,数额较大的行为。本罪的构成要件或特征解读如下:

(一)本罪侵犯的客体是公司、企业或者其他单位的财产所有权。

(二)本罪在客观方面表现为利用职务上的便利,侵占本单位财物,数额较大的行为。具体表现为:(1)必须是利用自己职务上的便利实施的行为。所谓"利用职务上的便利",是指利用职权及与职务有关的便利条件。(2)必须是侵占的行为。(3)必须达到数额较大的程度。司法解释规定的是五千元以上,各地规定不尽相同。

(三)本罪的犯罪主体为特殊主体,包括公司、企业或者其他单位的人员。

(四)本罪在主观方面表现为直接故意,且具有非法占有公司、企业或其他单位财物的目的。

在本罪的立案标准上，按照最高人民检察院、公安部《关于公安机关管辖的刑事案件立案追诉标准的规定(二)》第八十四条的规定，公司、企业或者其他单位的人员，利用职务上的便利，将本单位财物非法占为己有，数额在五千元至一万元以上的，应予立案追诉。

在本罪的处罚标准上，根据《刑法》的规定，犯本罪的，处五年以下有期徒刑或者拘役；数额巨大的，处五年以上有期徒刑，可以并处没收财产。如果行为人是国有公司、企业或者其他国有单位中从事公务的人员和国有公司、企业或者其他国有单位委派到非国有公司、企业以及其他单位从事公务的人员，则应当按照贪污罪论处。

《刑法》第二百七十一条：公司、企业或者其他单位的人员，利用职务上的便利，将本单位财物非法占为己有，数额较大的，处五年以下有期徒刑或者拘役；数额巨大的，处五年以上有期徒刑，可以并处没收财产。

国有公司、企业或者其他国有单位中从事公务的人员和国有公司、企业或者其他国有单位委派到非国有公司、企业以及其他单位从事公务的人员有前款行为的，依照本法第三百八十二条、第三百八十三条的规定定罪处罚。

《刑法》第三百八十二条：国家工作人员利用职务上的便利，侵吞、窃取、骗取或者以其他手段非法占有公共财物的，是贪污罪。

受国家机关、国有公司、企业、事业单位、人民团体委托管理、经营国有财产的人员，利用职务上的便利，侵吞、窃取、骗取或者以其他手段非法占有国有财物的，以贪污论。

与前两款所列人员勾结，伙同贪污的，以共犯论处。

176 什么是挪用特定款物罪，如何认定和处罚？

挪用特定款物罪是指违反特定款物专用的财经管理制度，挪用国家用于救灾、抢险、防汛、优抚、扶贫、移民、救济款物，情节严重，致使国家

和人民群众利益遭受重大损害的行为。本罪的构成要件或特征解读如下:

(一)本罪侵犯的客体是国家关于特定款物专用的财经管理制度。犯罪对象是救灾、抢险、防汛、优抚、扶贫、移民、救济款物。

(二)本罪在客观方面表现为挪用国家用于救灾、抢险、防汛、优抚、扶贫、移民、救济款物,情节严重,致使国家和人民群众利益遭受重大损害的行为。

(三)本罪的犯罪主体是特殊主体。即对保管、分配和使用特定款物直接负责的主管人员和其他直接责任人员。

(四)本罪在主观方面表现为故意。即明知是国家救灾、抢险、防汛、优抚、扶贫、移民、救济款物而故意挪用,过失不能构成本罪。

在本罪的立案标准上,按照最高人民检察院、公安部《关于公安机关管辖的刑事案件立案追诉标准的规定(二)》第八十六条的规定,挪用用于救灾、抢险、防汛、优抚、扶贫、移民、救济款物,涉嫌下列情形之一的,应予立案追诉:

(一)挪用特定款物数额在五千元以上的。

(二)造成国家和人民群众直接经济损失数额在五万元以上的。

(三)虽未达到上述数额标准,但多次挪用特定款物的,或者造成人民群众的生产、生活严重困难的。

(四)严重损害国家声誉,或者造成恶劣社会影响的。

(五)其他致使国家和人民群众利益遭受重大损害的情形。

在本罪的处罚标准上,按照《刑法》的规定,犯本罪的,处三年以下有期徒刑或者拘役;情节特别严重的,处三年以上七年以下有期徒刑。

《刑法》第二百七十三条:挪用用于救灾、抢险、防汛、优抚、扶贫、移民、救济款物,情节严重,致使国家和人民群众利益遭受重大损害的,对直接责任人员,处三年以下有期徒刑或者拘役;情节特别严重的,处三年

以上七年以下有期徒刑。

177 什么是敲诈勒索罪，如何认定和处罚？

敲诈勒索罪是指以非法占有为目的，对被害人使用威胁或要挟的方法，强行索要公私财物的行为。本罪的构成要件或特征解读如下：

（一）本罪侵犯的客体是复杂客体。即公私财物的所有权和他人的人身权利等。

（二）本罪在客观方面表现为行为人采用威胁、要挟、恫吓等手段，迫使被害人交出财物的行为。威胁是指以恶言相通告迫使被害人交付财产，即如果不按照行为人的要求交付财产，就会在将来的某个时间遭受侵害；要挟是指行为人抓住被害人的某些把柄，使其成为迫使被害人交付财物的借口，如以揭发贪污、生活作风等相要挟。

（三）本罪的犯罪主体是一般主体。即达到刑事责任年龄、并具有刑事责任能力的人。

（四）本罪在主观方面表现为直接故意，必须具有非法强行索要他人财物的目的。

按照《刑法》的规定，犯本罪，数额较大或者多次敲诈勒索的，处三年以下有期徒刑、拘役或者管制，并处或者单处罚金；数额巨大或者有其他严重情节的，处三年以上十年以下有期徒刑，并处罚金；数额特别巨大或者有其他特别严重情节的，处十年以上有期徒刑，并处罚金。

按照最高人民法院《关于敲诈勒索罪数额认定标准问题的规定》的规定，数额较大以一千元至三千元为起点；数额巨大以一万元至三万元为起点，具体由各省、自治区、直辖市高级人民法院根据本地区实际情况确定。

法条链接

《刑法》第二百七十四条：敲诈勒索公私财物，数额较大或者多次敲诈勒索的,处三年以下有期徒刑、拘役或者管制,并处或者单处罚金;数额巨大或者有其他严重情节的,处三年以上十年以下有期徒刑,并处罚金;数额特别巨大或者有其他特别严重情节的,处十年以上有期徒刑,并处罚金。

178 什么是故意毁坏财物罪,如何认定和处罚?

故意毁坏财物罪是指故意毁灭或者损坏公私财物,数额较大或者有其他严重情节的行为。本罪的构成要件或特征解读如下:

(一)本罪侵犯的客体是公私财物的所有权。

(二)本罪在客观方面表现为毁灭或者损坏公私财物,数额较大或者有其他严重情节的行为。毁灭是指用焚烧、摔砸等方法使物品全部丧失其价值或使用价值;损坏是指使物品部分丧失其价值或使用价值。

(三)本罪的犯罪主体是一般主体。即达到刑事责任年龄、并具有刑事责任能力的人。

(四)本罪在主观方面表现为故意。犯罪目的不是非法获取财物而是将财物毁坏。

在本罪的立案标准上,按照最高人民检察院、公安部《关于公安机关管辖的刑事案件立案追诉标准的规定(一)》第三十三条的规定,故意毁坏公私财物,涉嫌下列情形之一的,应予立案追诉:

(一)造成公私财物损失五千元以上的;

(二)毁坏公私财物三次以上的;

(三)纠集三人以上公然毁坏公私财物的;

(四)其他情节严重的情形。

在本罪的处罚标准上,按照《刑法》的规定,故意毁坏公私财物,数额较大或者有其他严重情节的,处三年以下有期徒刑、拘役或者罚金;数额巨大或者有其他特别严重情节的,处三年以上七年以下有期徒刑。

法条链接

《刑法》第二百七十五条：故意毁坏公私财物，数额较大或者有其他严重情节的，处三年以下有期徒刑、拘役或者罚金；数额巨大或者有其他特别严重情节的，处三年以上七年以下有期徒刑。

179 什么是破坏生产经营罪，如何认定和处罚？

破坏生产经营罪是指由于泄愤报复或者其他个人目的，毁坏机器设备，残害耕畜或者以其他方法破坏生产经营的行为。本罪的构成要件或特征解读如下：

（一）本罪侵犯的客体是生产经营的正常活动。

（二）本罪在客观方面表现为以毁坏机器设备、残害耕畜或其他方法破坏生产经营的行为。

（三）本罪的犯罪主体是一般主体。即达到刑事责任年龄、并具有刑事责任能力的人。

（四）本罪在主观方面表现为直接故意，并且具有泄愤报复或者其他个人目的。

在本罪的立案标准上，按照最高人民检察院、公安部《关于公安机关管辖的刑事案件立案追诉标准的规定（一）》第三十四条的规定，由于泄愤报复或者其他个人目的，毁坏机器设备、残害耕畜或者以其他方法破坏生产经营，涉嫌下列情形之一的，应予立案追诉：

（一）造成公私财物损失五千元以上的。

（二）破坏生产经营三次以上的。

（三）纠集三人以上公然破坏生产经营的。

（四）其他破坏生产经营应予追究刑事责任的情形。

在本罪的处罚标准上，按照《刑法》的规定，犯本罪的，处三年以下有期徒刑、拘役或者管制；情节严重的，处三年以上七年以下有期徒刑。

《刑法》第二百七十六条：由于泄愤报复或者其他个人目的，毁坏机器设备、残害耕畜或者以其他方法破坏生产经营的，处三年以下有期徒刑、拘役或者管制；情节严重的，处三年以上七年以下有期徒刑。……

180 什么是妨害公务罪，如何认定和处罚？

妨害公务罪是指以暴力、威胁方法阻碍国家机关工作人员、人民代表大会代表依法执行职务，或者在自然灾害和突发事件中，使用暴力、威胁方法阻碍红十字会工作人员依法履行职责，或故意阻碍国家安全机关、公安机关依法执行国家安全工作任务，虽未使用暴力，但造成严重后果的行为。本罪的构成要件或特征解读如下：

（一）本罪侵犯的客体是国家机关和红十字会的公务活动。犯罪对象只能是正在依法执行职务、履行职责的国家机关工作人员、人民代表大会代表和红十字会工作人员。

（二）本罪在客观方面表现为以暴力、威胁方法阻碍国家机关工作人员、人民代表大会代表、红十字会工作人员依法执行职务或者履行职责的行为，或者阻碍国家安全机关、公安机关依法执行国家安全工作任务，虽未使用暴力、威胁方法，但造成严重后果的行为。

（三）本罪的犯罪主体是一般主体。即达到刑事责任年龄、并具有刑事责任能力的人。

（四）本罪在主观方面表现为故意。即行为人必须明知上述人员正在依法执行公务而加以阻碍。

按照《刑法》的规定，犯本罪的，处三年以下有期徒刑、拘役、管制或者罚金。

法条链接

《刑法》第二百七十七条：以暴力、威胁方法阻碍国家机关工作人员依法执行职务的，处三年以下有期徒刑、拘役、管制或者罚金。

181 什么是聚众扰乱社会秩序罪，如何认定和处罚？

聚众扰乱社会秩序罪是指聚众扰乱社会秩序，情节严重，致工作、生产、营业和教学、科研、医疗无法进行，造成严重损失的行为。本罪的构成要件或特征解读如下：

（一）本罪侵犯的客体是社会秩序。

（二）本罪在客观方面表现为以聚众的方式扰乱企业、事业单位、社会团体的正常活动，致使其工作、生产、营业和教学、科研、医疗无法进行，造成严重损失的行为。所谓"聚众"，是指纠集多人实施犯罪行为，一般应当是纠集三人以上。

（三）本罪的犯罪主体是一般主体。即达到刑事责任年龄，并具有刑事责任能力的人。但是，并非一切聚众扰乱社会秩序的人都能构成本罪，构成本罪的只能是扰乱社会秩序的首要分子和其他积极参加者。首要分子是指在扰乱社会秩序犯罪中起组织、策划、指挥作用的犯罪分子。其他积极参加者是指除首要分子以外的在犯罪活动中起主要作用的犯罪分子。对于一般参加者，只能追究其行政责任。

（四）本罪在主观方面只能出于故意。

按照《刑法》的规定，犯本罪的，对首要分子，处三年以上七年以下有期徒刑；对其他积极参加的，处三年以下有期徒刑、拘役、管制或者剥夺政治权利。

法条链接

《刑法》第二百九十条：聚众扰乱社会秩序，情节严重，致使工作、生

产、营业和教学、科研、医疗无法进行，造成严重损失的，对首要分子，处三年以上七年以下有期徒刑；对其他积极参加的，处三年以下有期徒刑、拘役、管制或者剥夺政治权利。……

182 什么是聚众冲击国家机关罪，如何认定和处罚？

聚众冲击国家机关罪是指组织、策划、指挥或者积极参加聚众强行侵入国家机关的活动，致使国家机关工作无法进行，造成严重损失的行为。本罪的构成要件或特征解读如下：

（一）本罪侵犯的客体是国家机关的正常工作秩序。

（二）本罪在客观方面表现为聚众冲击国家机关，致使国家机关无法工作，造成严重损失的行为。聚众是指纠集多人实施犯罪行为，一般应当是纠集三人以上。聚众冲击是指在首要分子的纠集下，多人强行冲入国家机关办公区；包围国家机关驻地；用石块、杂物袭击办公区；切断电源、水源、电话线等；堵塞通道，阻止国家机关工作人员出入；强占办公室、会议室，辱骂、追打工作人员；毁损公共财物，毁弃文件、材料等。

（三）本罪的犯罪主体是一般主体。即达到刑事责任年龄、并具有刑事责任能力的人。但是，并非一切冲击国家机关的人都能构成本罪，构成本罪的只能是冲击国家机关的首要分子和其他积极参加者。

（四）本罪在主观方面表现为故意。犯罪目的是通过制造事端，给国家机关施加压力，以实现自己的某种无理要求或者借机发泄不满情绪。

按照《刑法》的规定，犯本罪的，对首要分子，处五年以上十年以下有期徒刑；对其他积极参加的，处五年以下有期徒刑、拘役、管制或者剥夺政治权利。

《刑法》第二百九十条：……聚众冲击国家机关，致使国家机关工作无法进行，造成严重损失的，对首要分子，处五年以上十年以下有期徒

刑;对其他积极参加的,处五年以下有期徒刑、拘役、管制或者剥夺政治权利。

183 什么是聚众斗殴罪,如何认定和处罚?

聚众斗殴罪是指为了报复他人、争霸一方或者其他不正当目的,纠集众人成帮结伙地互相进行殴斗,破坏公共秩序的行为。本罪的构成要件或特征解读如下:

(一)本罪侵犯的客体是公共秩序。

(二)本罪在客观方面表现为纠集众人结伙殴斗的行为。聚众斗殴一般是指人数众多,至少不得少于三人相互搏斗。聚众斗殴多表现为利益团体之间、家族之间、恶势力或流氓团伙之间互相殴斗,他们往往是约定时间、地点,相互间大打出手,不计后果,严重影响社会公共秩序和安全。

(三)本罪的犯罪主体是一般主体。即达到刑事责任年龄、并具有刑事责任能力的人。但是,并非参与斗殴的人都能构成本罪,构成本罪的只能是首要分子和其他积极参加者。

(四)本罪在主观方面表现为故意。

按照《刑法》的规定,犯本罪的,对首要分子和其他积极参加的,处三年以下有期徒刑、拘役或者管制;有法定从重处罚情节的(参见法条链接),处三年以上十年以下有期徒刑。

《刑法》第二百九十二条:聚众斗殴的,对首要分子和其他积极参加的,处三年以下有期徒刑、拘役或者管制;有下列情形之一的,对首要分子和其他积极参加的,处三年以上十年以下有期徒刑:

(一)多次聚众斗殴的;

(二)聚众斗殴人数多,规模大,社会影响恶劣的;

(三)在公共场所或者交通要道聚众斗殴,造成社会秩序严重混乱的;

(四)持械聚众斗殴的。

聚众斗殴,致人重伤、死亡的,依照本法第二百三十四条、第二百三十二条的规定定罪处罚。

184 什么是寻衅滋事罪,如何认定和处罚?

寻衅滋事罪是指在公共场所无事生非,起哄闹事,殴打伤害无辜,肆意挑衅,横行霸道,破坏公共秩序的行为。本罪的构成要件或特征解读如下:

(一)本罪侵犯的客体是社会秩序。

(二)本罪在客观方面表现为:(1)随意殴打他人,情节恶劣的;(2)追逐、拦截、辱骂他人,情节恶劣的;(3)强拿硬要或者任意损毁、占用公私财物,情节严重的;(4)在公共场所起哄闹事,造成公共场所秩序严重混乱的等。

(三)本罪的犯罪主体为一般主体。即已满十六周岁、并具有刑事责任能力的自然人均能成为本罪的主体。

(四)本罪在主观方面表现为直接故意。即明知自己的行为会发生破坏社会秩序的危害结果,并且希望这种结果发生。

按照《刑法》的规定,犯本罪的,处五年以下有期徒刑、拘役或者管制。如果行为人纠集他人多次实施法定的寻衅滋事行为,严重破坏社会秩序的,处五年以上十年以下有期徒刑,可以并处罚金。

《刑法》第二百九十三条:有下列寻衅滋事行为之一,破坏社会秩序的,处五年以下有期徒刑、拘役或者管制:

(一)随意殴打他人,情节恶劣的;

(二)追逐、拦截、辱骂、恐吓他人,情节恶劣的;

（三）强拿硬要或者任意损毁、占用公私财物，情节严重的；

（四）在公共场所起哄闹事，造成公共场所秩序严重混乱的。

纠集他人多次实施前款行为，严重破坏社会秩序的，处五年以上十年以下有期徒刑，可以并处罚金。

185 什么是组织、利用会道门、邪教组织，利用迷信破坏法律实施罪，如何认定和处罚？

组织、利用会道门、邪教组织，利用迷信破坏法律实施罪是指组织、利用会道门、邪教组织或者利用迷信活动破坏国家法律、行政法规实施的行为。本罪的构成要件或特征解读如下：

（一）本罪侵犯的客体是正常的社会管理秩序。

（二）本罪在客观方面表现为组织、利用会道门、邪教组织或者利用迷信活动破坏国家法律、行政法规实施的行为。法律是指全国人民代表大会及其常务委员会制定的规范性法律文件，如《刑法》《刑事诉讼法》等。行政法规是指国务院制定的规范性法律文件，如《建设工程安全生产管理条例》等。破坏国家法律、行政法规的实施，必须是有组织、利用会道门、邪教组织或者利用迷信活动等方式阻碍法律实施的行为。

（三）本罪的犯罪主体为一般主体。即已满十六周岁具有刑事责任能力的自然人均能成为本罪的主体。

（四）本罪的主观方面是故意。即行为人明知是组织、利用会道门、邪教组织或利用迷信进行破坏国家法律、行政法规实施的活动而有意实施。

按照《刑法》的规定，犯本罪的，处三年以上七年以下有期徒刑；情节特别严重的，处七年以上有期徒刑。

《刑法》第三百条：组织、利用会道门、邪教组织或者利用迷信破坏国

家法律、行政法规实施的,处三年以上七年以下有期徒刑,并处罚金;情节特别严重的,处七年以上有期徒刑或者无期徒刑,并处罚金或者没收财产。

186 什么是赌博罪,如何认定和处罚?

赌博罪是指以营利为目的,聚众赌博或者以赌博为业的行为。本罪的构成要件或特征解读如下:

(一)本罪侵犯的客体是国家对社会风尚的管理秩序。

(二)本罪在客观方面表现为聚众赌博或者以赌博为业的行为。聚众赌博是指组织、招引多人进行赌博,本人从中抽头渔利。以赌博为业是指嗜赌成性,一贯赌博,以赌博所得为其生活来源。

按照最高人民法院 最高人民检察院《关于办理赌博刑事案件具体应用法律若干问题的解释》第一条的规定,以营利为目的,有下列情形之一的,属于《刑法》第三百零三条规定的"聚众赌博":(1)组织三人以上赌博,抽头渔利数额累计达到五千元以上的;(2)组织三人以上赌博,赌资数额累计达到五万元以上的;(3)组织三人以上赌博,参赌人数累计达到二十人以上的;(4)组织中华人民共和国公民十人以上赴境外赌博,从中收取回扣、介绍费的。

(三)本罪的犯罪主体为一般主体。即已满十六周岁、并具有刑事责任能力的自然人均能成为本罪的主体。

(四)本罪在主观方面表现为故意,并且以营利为目的。

按照《刑法》的规定,犯本罪的,处三年以下有期徒刑、拘役或者管制,并处罚金。

《刑法》第三百零三条:以营利为目的,聚众赌博或者以赌博为业的,处三年以下有期徒刑、拘役或者管制,并处罚金。……

187 什么是伪证罪,如何认定和处罚?

伪证罪是指在刑事诉讼中,证人、鉴定人、记录人和翻译人对与案件有重要关系的情节,故意作虚假证明、鉴定、记录、翻译,意图陷害他人或者隐匿罪证的行为。本罪的构成要件或特征解读如下:

(一)本罪侵犯的客体是复杂客体。即公民的人身权利与司法机关的正常活动。

(二)本罪在客观方面表现为在刑事侦查、起诉、审判中,对与案件有重要关系的情节,作虚假证明、鉴定、记录、翻译的行为,或者隐匿罪证的行为。

(三)本罪的犯罪主体是特殊主体。即只能是刑事诉讼中的证人、鉴定人、记录人和翻译人。

(四)本罪在主观方面必须出自直接故意。即行为人明知其虚假陈述是与案件有重要关系的情节,但为了陷害他人或者隐匿罪证而有意为之。

按照《刑法》的规定,犯本罪的,处三年以下有期徒刑或者拘役;情节严重的,处三年以上七年以下有期徒刑。

《刑法》第三百零五条:在刑事诉讼中,证人、鉴定人、记录人、翻译人对与案件有重要关系的情节,故意作虚假证明、鉴定、记录、翻译,意图陷害他人或者隐匿罪证的,处三年以下有期徒刑或者拘役;情节严重的,处三年以上七年以下有期徒刑。

188 什么是窝藏、包庇罪,如何认定和处罚?

窝藏、包庇罪是指明知是犯罪的人而为其提供隐藏处所、财物,帮助其逃匿或者作假证明包庇的行为。本罪的构成要件或特征解读如下：

（一）本罪侵犯的客体是司法机关对犯罪进行刑事追诉和刑事执行的正常活动。

（二）本罪在客观方面表现为行为人实施了窝藏或包庇犯罪分子的行为。具体而言，一是为犯罪分子提供隐藏处所、财物，帮助其逃匿；二是作假证明包庇犯罪的人。

（三）本罪的犯罪主体为一般主体。即已满十六周岁、并具有刑事责任能力的自然人均能成为本罪的主体。

（四）本罪在主观方面表现为故意。如果行为人不知道对方是犯罪分子而为其提供藏身之所或物质帮助等，不能按照犯罪来论处。

按照《刑法》的规定，犯本罪的，处三年以下有期徒刑、拘役或者管制；情节严重的，处三年以上十年以下有期徒刑。

《刑法》第三百一十条：明知是犯罪的人而为其提供隐藏处所、财物，帮助其逃匿或者作假证明包庇的，处三年以下有期徒刑、拘役或者管制；情节严重的，处三年以上十年以下有期徒刑。

189 什么是掩饰、隐瞒犯罪所得和犯罪所得收益罪，如何认定和处罚？

掩饰、隐瞒犯罪所得和犯罪所得收益罪是指行为人明知是犯罪所得及其产生的收益而予以窝藏、转移、收购、代为销售或者以其他方法掩饰、隐瞒的行为。本罪的构成要件或特征解读如下：

（一）本罪侵犯的客体是司法机关的正常活动。

（二）本罪在客观方面表现为窝藏、转移、收购、代为销售或者以其他方法掩饰、隐瞒的行为。窝藏是指为犯罪分子提供藏匿犯罪所得及其收益的处所；转移是指帮犯罪分子搬动、运输其犯罪所得及其收益；收购是指有偿购入,然后再高价出卖;代为销售是指受犯罪分子委托,帮助其销售犯罪所得及收益的行为。

(三)本罪的犯罪主体为一般主体。即已满十六周岁、并具有刑事责任能力的自然人均能成为本罪的主体,单位也可以成为本罪的犯罪主体。

(四)本罪在主观方面表现为故意。即行为人明知是犯罪所得及其产生的收益而予以掩饰、隐瞒。

按照《刑法》的规定,犯本罪的,处三年以下有期徒刑、拘役或者管制,并处或者单处罚金;情节严重的,处三年以上七年以下有期徒刑,并处罚金。

《刑法》第三百一十二条:明知是犯罪所得及其产生的收益而予以窝藏、转移、收购、代为销售或者以其他方法掩饰、隐瞒的,处三年以下有期徒刑、拘役或者管制,并处或者单处罚金;情节严重的,处三年以上七年以下有期徒刑,并处罚金。

190 什么是贪污罪,如何认定和处罚?

贪污罪是指国家工作人员利用职务上的便利,侵吞、窃取、骗取或者以其他手段非法占有公共财物的行为。本罪的构成要件或特征解读如下:

(一)本罪侵犯的客体是复杂客体。既侵犯了公共财物的所有权,又侵犯了国家机关、国有企业事业单位的正常活动以及职务的廉洁性。

(二)本罪在客观方面表现为行为人利用职务之便,侵吞、窃取、骗取或者以其他手段非法占有公共财物的行为。利用职务上的便利是指行为人利用其职责范围内主管、经手、管理公共财产的职权所形成的便利条件,假借执行职务的形式非法占有公共财物;主管是指具有调拨、转移、使用或者以其他方式支配公共财物的职权;经手是指具有领取、支出

等经办公共财物流转事务的权限;管理是指具有监守或保管公共财物的职权,例如会计人员、保管员等。

在具体行为方式上,有侵吞、窃取、骗取或者以其他手段等。侵吞财物是指行为人将自己管理或经手的公共财物非法转归自己或他人所有的行为;窃取财物是指行为人利用职务之便,采取秘密窃取的方式,将自己管理的公共财物非法占有的行为,即监守自盗;骗取财物是指行为人利用职务之便,采取虚构事实或隐瞒真相的方法,非法占有公共财物的行为;其他方法是指除侵吞、窃取、骗取之外,其他非法占有公共财物的方法,如内外勾结、公款私存等。

(三)本罪的犯罪主体是特殊主体。即国家工作人员或者受委托管理、经营国有财产的人员。

(四)本罪在主观方面必须出自直接故意,并具有非法占有公共财物的目的。

按照最高人民法院、最高人民检察院2016年4月18日联合发布的《关于办理贪污贿赂刑事案件适用法律若干问题的解释》规定,犯本罪的立案标准为三万元以上,贪污数额是影响量刑的重要因素。

《刑法》第三百八十二条:国家工作人员利用职务上的便利,侵吞、窃取、骗取或者以其他手段非法占有公共财物的,是贪污罪。

受国家机关、国有公司、企业、事业单位、人民团体委托管理、经营国有财产的人员,利用职务上的便利,侵吞、窃取、骗取或者以其他手段非法占有国有财物的,以贪污论。

与前两款所列人员勾结,伙同贪污的,以共犯论处。

《刑法》第三百八十三条:对犯贪污罪的,根据情节轻重,分别依照下列规定处罚:

(一)贪污数额较大或者有其他较重情节的,处三年以下有期徒刑或者拘役,并处罚金。

(二)贪污数额巨大或者有其他严重情节的,处三年以上十年以下有期徒刑,并处罚金或者没收财产。

(三)贪污数额特别巨大或者有其他特别严重情节的,处十年以上有期徒刑或者无期徒刑,并处罚金或者没收财产;数额特别巨大,并使国家和人民利益遭受特别重大损失的,处无期徒刑或者死刑,并处没收财产。

对多次贪污未经处理的,按照累计贪污数额处罚。

犯第一款罪,在提起公诉前如实供述自己罪行、真诚悔罪、积极退赃、避免、减少损害结果的发生,有第一项规定情形的,可以从轻、减轻或者免除处罚;有第二项、第三项规定情形的,可以从轻处罚。

犯第一款罪,有第三项规定情形被判处死刑缓期执行的,人民法院根据犯罪情节等情况可以同时决定在其死刑缓期执行二年期满依法减为无期徒刑后,终身监禁,不得减刑、假释。

191 什么是受贿罪,如何认定和处罚?

受贿罪是指国家工作人员利用职务上的便利,索取他人财物,或者非法收受他人财物并为他人谋取利益的行为。本罪的构成要件或特征解读如下:

(1)本罪侵犯的客体是复杂客体。即国家机关、国有公司、企业、事业单位、人民团体的正常管理活动,国家机关工作人员的职务廉洁性。

(2)本罪在客观方面表现为行为人利用职务上的便利,向他人索取财物,或者非法收受他人财物并为他人谋取利益的行为。利用职务上的便利既是指利用本人职务范围内的权力,也指利用本人在职务上直接处理某项事务的权力。利用职权为他人谋取利益而收受他人财物,是典型的受贿行为。利用与职务有关的便利是指利用本人的职权或地位形成的便利条件,向请托人索取或非法收受请托人财物的行为。

(3)本罪的犯罪主体是特殊主体。即国家机关工作人员,包括国家机关中从事公务的人员;国有公司、企业事业单位、人民团体中从事公务的人员;国家机关、国有公司、企业事业单位委派到非国有公司、企业事业单位、人民团体从事公务的人员,以及其他依照法律从事公务的人员。

(4)本罪在主观方面表现为故意。

按照最高人民法院、最高人民检察院2016年4月18日联合发布的《关于办理贪污贿赂刑事案件适用法律若干问题的解释》规定,犯本罪的立案标准为三万元以上,受贿数额是影响量刑的重要因素。

《刑法》第三百八十五条:国家工作人员利用职务上的便利,索取他人财物的,或者非法收受他人财物,为他人谋取利益的,是受贿罪。

国家工作人员在经济往来中,违反国家规定,收受各种名义的回扣、手续费,归个人所有的,以受贿论处。

《刑法》第三百八十六条:对犯受贿罪的,根据受贿所得数额及情节,依照本法第三百八十三条的规定处罚。索贿的从重处罚。

192 什么是行贿罪,如何认定和处罚?

行贿罪指为谋取不正当利益,给予国家工作人员以财物,在经济往来中,违反国家规定,给予国家工作人员以财物,数额较大,或者违反国家规定,给予国家工作人员以各种名义的回扣、手续费的行为。本罪的构成要件或特征解读如下:

(一)本罪侵犯的客体是国家机关的正常管理和公职人员的职务廉洁性。

(二)本罪在客观方面表现为以下几种行贿数额较大的行为:(1)为自己谋取不正当利益;(2)用钱财收买国家工作人员的职务行为;(3)违反国家规定,给国家工作人员以各种名义的回扣、手续费等。

(三)本罪的犯罪主体是一般主体。即达到刑事责任年龄、且具备刑事责任能力的自然人。

(四)本罪在主观方面表现为故意。即行贿人明知行贿行为是违法的,但为了谋取私利有意而为之。

按照最高人民检察院《关于行贿罪立案标准》的规定,在经济往来中,违反国家规定,给予国家工作人员以财物,数额较大的,或者违反国家规定,给予国家工作人员以各种名义的回扣、手续费的,以行贿罪追究刑事责任。涉嫌下列情形之一的,应予立案:

(一)行贿数额在一万元以上的。

(二)行贿数额不满一万元,但具有下列情形之一的:(1)为谋取非法利益而行贿的;(2)向三人以上行贿的;(3)向党政领导、司法工作人员、行政执法人员行贿的;(4)致使国家或者社会利益遭受重大损失的。

因被勒索给予国家工作人员以财物,已获得不正当利益的,以行贿罪追究刑事责任。

按照《刑法》的规定,犯本罪的,处五年以下有期徒刑或者拘役,并处罚金;因行贿谋取不正当利益,情节严重的,或者使国家利益遭受重大损失的,处五年以上十年以下有期徒刑,并处罚金;情节特别严重的,或者使国家利益遭受特别重大损失的,处十年以上有期徒刑或者无期徒刑,并处罚金或者没收财产。

《刑法》第三百八十九条:为谋取不正当利益,给予国家工作人员以财物的,是行贿罪。

在经济往来中,违反国家规定,给予国家工作人员以财物,数额较大的,或者违反国家规定,给予国家工作人员以各种名义的回扣、手续费的,以行贿论处。

因被勒索给予国家工作人员以财物,没有获得不正当利益的,不是行贿。

《刑法》第三百九十条:对犯行贿罪的,处五年以下有期徒刑或者拘役,并处罚金;因行贿谋取不正当利益,情节严重的,或者使国家利益遭受重大损失的,处五年以上十年以下有期徒刑,并处罚金;情节特别严重的,或者使国家利益遭受特别重大损失的,处十年以上有期徒刑或者无期徒刑,并处罚金或者没收财产。

行贿人在被追诉前主动交待行贿行为的,可以从轻或者减轻处罚。其中,犯罪较轻的,对侦破重大案件起关键作用的,或者有重大立功表现的,可以减轻或者免除处罚。

193 什么是巨额财产来源不明罪,如何认定和处罚?

巨额财产来源不明罪是指国家工作人员的财产、支出明显超过合法收入,差额巨大,本人不能说明其来源是合法的行为。本罪的构成要件或特征解读如下:

(一)本罪侵犯的客体是复杂客体。即国家工作人员职务行为的廉洁制度和公私财物的所有权。

(二)本罪在客观方面表现为国家工作人员的财产或支出明显超过合法收入,且差额巨大,本人不能说明其来源是合法的行为。

(三)本罪的犯罪主体是特殊主体,即国家工作人员。非国家工作人员不能成为本罪的主体。

(四)本罪在主观方面表现为故意。即行为人明知财产不合法而故意占有,案发后又故意拒不说明财产的真正来源,或者有意编造财产来源的合法途径。

根据1999年9月16日最高人民检察院发布施行的《关于人民检察院直接受理立案侦查案件立案标准的规定(试行)》的规定,巨额财产来源不明,数额在三十万元以上的,应予立案。

《刑法》第三百九十五条:国家工作人员的财产、支出明显超过合法收入,差额巨大的,可以责令该国家工作人员说明来源,不能说明来源的,差额部分以非法所得论,处五年以下有期徒刑或者拘役;差额特别巨大的,处五年以上十年以下有期徒刑。财产的差额部分予以追缴。

194 什么是滥用职权罪,如何认定和处罚?

滥用职权罪是指国家机关工作人员故意逾越职权,违反法律规定,处理其无权决定、处理的事项,或者违反规定处理公务,致使公共财产、国家和人民利益遭受重大损失的行为。

本罪侵犯的客体是国家机关的正常活动。本罪在客观方面表现为滥用职权,致使公共财产、国家和人民利益遭受重大损失的行为。本罪的犯罪主体只能是国家机关工作人员。

根据2005年12月29日最高人民检察院发布施行的《关于渎职侵权犯罪案件立案标准的规定》的规定,国家机关工作人员涉嫌下列情形之一的,应以滥用职权罪予以立案:

(一)造成死亡一人以上,或者重伤两人以上,或者重伤一人、轻伤三人以上,或者轻伤五人以上的。

(二)导致十人以上严重中毒的。

(三)造成个人财产直接经济损失十万元以上,或者直接经济损失不满十万元,但间接经济损失五十万元以上的。

(四)造成公共财产或者法人、其他组织财产直接经济损失二十万元以上,或者直接经济损失不满二十万元,但间接经济损失一百万元以上的。

(五)虽未达到(三)(四)两项数额标准,但(三)(四)两项合计直接经济损失二十万元以上,或者合计直接经济损失不满二十万元,但合计间接经济损失一百万元以上的。

(六)造成公司、企业等单位停业、停产六个月以上,或者破产的。

(七)弄虚作假,不报、缓报、谎报或者授意、指使、强令他人不报、缓报、谎报情况,导致重特大事故危害结果继续、扩大,或者致使抢救、调查、处理工作延误的。

(八)严重损害国家声誉,或者造成恶劣社会影响的。

(九)其他致使公共财产、国家和人民利益遭受重大损失的情形。

《刑法》第三百九十七条:国家机关工作人员滥用职权或者玩忽职

守,致使公共财产、国家和人民利益遭受重大损失的,处三年以下有期徒刑或者拘役;情节特别严重的,处三年以上七年以下有期徒刑。本法另有规定的,依照规定。

国家机关工作人员徇私舞弊,犯前款罪的,处五年以下有期徒刑或者拘役;情节特别严重的,处五年以上十年以下有期徒刑。本法另有规定的,依照规定。

195 什么是玩忽职守罪,如何认定和处罚?

玩忽职守罪是指国家机关工作人员严重不负责任,不履行或不认真履行职责,致使公共财产、国家和人民利益遭受重大损失的行为。

本罪侵犯的客体是国家机关的正常活动。本罪在客观方面表现为国家机关工作人员违反工作纪律、规章制度,擅离职守,不尽职责义务或者不认真履行职责义务,致使公共财产、国家和人民利益遭受重大损失的行为。本罪的犯罪主体只能是国家机关工作人员。

根据最高人民检察院发布施行的《关于渎职侵权犯罪案件立案标准的规定》的规定,国家机关工作人员涉嫌下列情形之一的,应以玩忽职守罪予以立案:

(一)造成死亡一人以上,或者重伤三人以上,或者重伤两人、轻伤四人以上,或者重伤一人、轻伤七人以上,或者轻伤十人以上的。

(二)导致二十人以上严重中毒的。

(三)造成个人财产直接经济损失十五万元以上,或者直接经济损失不满十五万元,但间接经济损失七十五万元以上的。

(四)造成公共财产或者法人、其他组织财产直接经济损失三十万元以上,或者直接经济损失不满三十万元,但间接经济损失一百五十万元以上的。

(五)虽未达到(三)(四)两项数额标准,但(三)(四)两项合计直接经济损失三十万元以上,或者合计直接经济损失不满三十万元,但合计间接经济损失一百五十万元以上的。

（六）造成公司、企业等单位停业、停产一年以上，或者破产的。

（七）海关、外汇管理部门的工作人员严重不负责任，造成一百万美元以上外汇被骗购或者逃汇一千万美元以上的。

（八）严重损害国家声誉，或者造成恶劣社会影响的。

（九）其他致使公共财产、国家和人民利益遭受重大损失的情形。

《刑法》第三百九十七条：国家机关工作人员滥用职权或者玩忽职守，致使公共财产、国家和人民利益遭受重大损失的，处三年以下有期徒刑或者拘役；情节特别严重的，处三年以上七年以下有期徒刑。本法另有规定的，依照规定。

国家机关工作人员徇私舞弊，犯前款罪的，处五年以下有期徒刑或者拘役；情节特别严重的，处五年以上十年以下有期徒刑。本法另有规定的，依照规定。

196 什么是故意泄露国家秘密罪，如何认定和处罚？

故意泄露国家秘密罪是指国家机关工作人员违反国家保密法的规定，故意泄露国家秘密，情节严重的行为。所谓"国家秘密"，是指关系国家的安全和利益，依照法定程序，在一定时间内只限一定范围的人员知情的事项。

该罪侵犯的客体是国家的保密制度。本罪在客观方面表现为行为人必须具有违反国家保密法的规定，故意泄露国家秘密，情节严重的行为。本罪的犯罪主体是国家机关工作人员。此外，非国家机关工作人员泄露国家秘密，情节严重的，也应构成本罪。

根据最高人民检察院公布的《关于渎职侵权犯罪案件立案标准的规定》的规定，故意泄露国家秘密罪的立案标准具体如下：

（一）泄露绝密级国家秘密1项（件）以上的。

(二)泄露机密级国家秘密2项(件)以上的。

(三)泄露秘密级国家秘密3项(件)以上的。

(四)向非境外机构、组织、人员泄露国家秘密,造成或可能造成危害社会稳定、经济发展、国防安全或者其他严重危害后果的。

(五)通过口头、书面或者网络等方式向公众散布、传播国家秘密的。

(六)利用职权指使或者强迫他人违反国家保守秘密法的规定泄露国家秘密的。

(七)以牟取私利为目的泄露国家秘密的。

(八)其他情节严重的情形。

《刑法》第三百九十八条:国家机关工作人员违反保守国家秘密法的规定,故意或者过失泄露国家秘密,情节严重的,处三年以下有期徒刑或者拘役;情节特别严重的,处三年以上七年以下有期徒刑。

非国家机关工作人员犯前款罪的,依照前款的规定酌情处罚。

197 什么是煽动民族仇恨、民族歧视罪,如何认定和处罚?

煽动民族仇恨、民族歧视罪,是指煽动民族仇恨、民族歧视,情节严重的行为。这里的民族仇恨,是指基于民族的来源、历史、风俗习惯等的不同而产生的民族之间相互敌对、仇恨的状况。民族歧视,是指按照民族成分划分人们的社会地位和法律地位,限制和侵犯民族的基本权利的现象。这里的煽动,是指公开以语言、文字、图画或者其他方法,使群众激起或者产生民族仇恨、民族歧视。

煽动民族仇恨、民族歧视,只有情节严重的,才构成犯罪。所谓"情节严重",一般是指具有以下几种情形:

(一)动机十分卑劣的,如为了掩盖自己的违法、犯罪行径而煽动民族仇恨、民族歧视的。

(二)煽动手段恶劣的,如使用侮辱、造谣等方式的。

(三)多次进行煽动的。

(四)煽动行为造成严重后果或者影响恶劣的。

(五)煽动群众人数较多,煽动性大的。

《刑法》第二百四十九条:煽动民族仇恨、民族歧视,情节严重的,处三年以下有期徒刑、拘役、管制或者剥夺政治权利;情节特别严重的,处三年以上十年以下有期徒刑。

198 什么是出版歧视、侮辱少数民族作品罪,如何认定和处罚?

出版歧视、侮辱少数民族作品罪是指在出版物中刊载歧视、侮辱少数民族的内容,情节恶劣并造成严重后果的行为。

与煽动民族歧视、民族仇恨罪一样,本罪侵犯的客体是民族平等。本罪在客观方面表现为在出版物中刊载歧视、侮辱少数民族的内容,情节恶劣、造成严重后果的行为。第一,必须有刊载歧视、侮辱少数民族内容的行为。这里的"出版",是指一切被编印出来供人们视听、阅览的物品,如书籍、书刊抄本、录像带、录音带、图片、挂历等。这里的"刊载",是指出版物的出版、印刷或者复制、发行。刊载的表现形式既可以是文字、漫画,也可以是录像带、录音带、光盘中的言语等。第二,刊载的必须是歧视、侮辱少数民族的内容。歧视是指在出版物中对其他民族予以贬低、蔑视。侮辱是指对其他民族予以丑化、嘲讽、辱骂。所谓"歧视、侮辱少数民族的内容",是指在出版物中具有不平等地对待少数民族或者损害少数民族名誉,使少数民族蒙受耻辱的内容。

《刑法》第二百五十条:在出版物中刊载歧视、侮辱少数民族的内容,

情节恶劣,造成严重后果的,对直接责任人员,处三年以下有期徒刑、拘役或者管制。

199 什么是非法剥夺公民宗教信仰自由罪,如何认定和处罚?

非法剥夺公民宗教信仰自由罪是指国家机关工作人员非法剥夺公民正当的宗教信仰自由,情节严重的行为。

非法剥夺公民宗教信仰自由罪的犯罪主体是国家机关工作人员。非法剥夺是指以强制等方法剥夺他人宗教信仰自由。剥夺方法包括:非法干涉公民正常的宗教活动;强迫教徒退教或者改变信仰;强迫公民信教或者信仰同一宗教的某一教派;非法封闭或者捣毁合法的宗教场所、设施等。非法剥夺公民宗教信仰自由罪侵犯的客体是公民的宗教信仰自由。这里的"宗教信仰自由",是指是否信仰的自由,信仰何种宗教、何种教派的自由等。

《刑法》第二百五十一条:国家机关工作人员非法剥夺公民的宗教信仰自由和侵犯少数民族风俗习惯,情节严重的,处二年以下有期徒刑或者拘役。

200 什么是侵犯少数民族风俗习惯罪,如何认定和处罚?

侵犯少数民族风俗习惯罪是指国家机关工作人员以强制手段干涉、破坏少数民族风俗习惯或者强迫少数民族改变风俗习惯,情节严重的行为。这里所说的"情节严重",是指手段恶劣、后果严重、影响极坏的情形,一般是已引起民族纠纷。所谓的"强制手段",既可以是暴力的,也可以是非暴力的,如精神上的胁迫。少数民族的风俗习惯,是指其民俗、节庆、朝觐、禁忌、礼节等历史上长期形成的独特的传统习惯等。

法条链接

《刑法》第二百五十一条：国家机关工作人员非法剥夺公民的宗教信仰自由和侵犯少数民族风俗习惯，情节严重的，处二年以下有期徒刑或者拘役。

参考文献

[1] 罗豪才主编. 行政法学. 北京:北京大学出版社,2006.

[2] 胡建淼著. 行政法学北京:法律出版社,2010.

[3] 姜明安主编. 行政法与行政诉讼法学北京:北京大学出版社,2011.

[4] 吴大华主编. 民族法学. 北京:法律出版社,2013.

[5] 国家宗教事务局四司政法司主编. 宗教政策法规教程. 北京:宗教文化出版社,2014.

[6] 周叶中主编. 宪法. 北京:高等教育出版社,2016.

[7] 高铭暄,马克昌主编. 刑法学(第七版). 北京:北京大学出版社,2016.